Julia Schulz

Outsourcing für Sparkassen

Kreditprozesse erfolgreich auslagern

Diplomica® Verlag GmbH

Schulz, Julia: Outsourcing für Sparkassen: Kreditprozesse erfolgreich auslagern.
Hamburg, Diplomica Verlag GmbH 2012

ISBN: 978-3-8428-8067-2
Druck: Diplomica® Verlag GmbH, Hamburg, 2012

Bibliografische Information der Deutschen Nationalbibliothek:
Die Deutsche Nationalbibliothek verzeichnet diese Publikation in der Deutschen
Nationalbibliografie; detaillierte bibliografische Daten sind im Internet über
http://dnb.d-nb.de abrufbar.

Die digitale Ausgabe (eBook-Ausgabe) dieses Titels trägt die ISBN 978-3-8428-3067-7
und kann über den Handel oder den Verlag bezogen werden.

Dieses Werk ist urheberrechtlich geschützt. Die dadurch begründeten Rechte,
insbesondere die der Übersetzung, des Nachdrucks, des Vortrags, der Entnahme von
Abbildungen und Tabellen, der Funksendung, der Mikroverfilmung oder der
Vervielfältigung auf anderen Wegen und der Speicherung in Datenverarbeitungsanlagen,
bleiben, auch bei nur auszugsweiser Verwertung, vorbehalten. Eine Vervielfältigung
dieses Werkes oder von Teilen dieses Werkes ist auch im Einzelfall nur in den Grenzen
der gesetzlichen Bestimmungen des Urheberrechtsgesetzes der Bundesrepublik
Deutschland in der jeweils geltenden Fassung zulässig. Sie ist grundsätzlich
vergütungspflichtig. Zuwiderhandlungen unterliegen den Strafbestimmungen des
Urheberrechtes.

Die Wiedergabe von Gebrauchsnamen, Handelsnamen, Warenbezeichnungen usw. in
diesem Werk berechtigt auch ohne besondere Kennzeichnung nicht zu der Annahme,
dass solche Namen im Sinne der Warenzeichen- und Markenschutz-Gesetzgebung als frei
zu betrachten wären und daher von jedermann benutzt werden dürften.

Die Informationen in diesem Werk wurden mit Sorgfalt erarbeitet. Dennoch können
Fehler nicht vollständig ausgeschlossen werden, und der Diplomica Verlag, die Autoren
oder Übersetzer übernehmen keine juristische Verantwortung oder irgendeine Haftung
für evtl. verbliebene fehlerhafte Angaben und deren Folgen.

© Diplomica Verlag GmbH
http://www.diplomica-verlag.de, Hamburg 2012
Printed in Germany

Inhaltsverzeichnis

1. Einleitung ..... - 1 -
2. Ist-Analyse ..... - 3 -
   2.1 Unternehmensumfeld-Analyse ..... - 3 -
      2.1.1 Analyse der allgemeinen Umwelt ..... - 4 -
      2.1.2 Wettbewerbsanalyse ..... - 7 -
   2.2 Prozessanalyse ..... - 10 -
      2.2.1 Produktionsprozess und Wertschöpfung ..... - 11 -
      2.2.2 Wertketten im Kreditgeschäft ..... - 12 -
3. Outsourcing von Kreditprozessen als Problemlösung ..... - 14 -
   3.1 Grundlagen des Outsourcing: Begriffsklärung ..... - 15 -
   3.2 Outsourcing-Formen ..... - 16 -
   3.3 Gründe, die für ein Outsourcing von Prozessen sprechen ..... - 17 -
      3.3.1 Kosteneinsparung ..... - 18 -
      3.3.2 Konzentration auf das Kerngeschäft ..... - 20 -
      3.3.3 Leistungsoptimierung ..... - 21 -
4. Vorgehensmodell einer Outsourcing-Einführung ..... - 22 -
   4.1 Machbarkeitsprüfung ..... - 22 -
   4.2 Entscheidung für oder gegen Outsourcing ..... - 24 -
      4.2.1 Kostenvergleichsrechnung ..... - 25 -
      4.2.2 Transaktionskostenansatz ..... - 27 -
         4.2.2.1 Transaktionskostentheorie nach Williamson ..... - 27 -
         4.2.2.2 Methodik der Analyse ..... - 29 -
         4.2.2.3 Kritik ..... - 31 -
   4.3 Durchführung einer Nutzwert-Risiko-Analyse ..... - 31 -
      4.3.1 Risiko-Analyse ..... - 32 -

4.3.2 Argumentenbilanz .... - 35 -

4.4 Analyse der Ressourcen und Kernkompetenzen .... - 38 -

    4.4.1 Der ressourcenbasierte Ansatz .... - 38 -

    4.4.2 Ermittlung der Ansatzpunkte für das Outsourcing im Kreditprozess .... - 42 -

4.5 Dienstleisterauswahl und Angebotseinholung .... - 45 -

4.6 Der Outsourcing-Vertrag .... - 45 -

4.7 Implementierung der Entscheidung .... - 46 -

5. Fazit .... - 47 -

Literarturverzeichnis .... - 49 -

Internet-/ Intranetverzeichnis .... - 57 -

Anhang .... - 59 -

Abbildungsverzeichnis

Abbildung 1: Überblick über die Analyse des Unternehmensumfeldes .... - 4 -
Abbildung 2: Zinserträge und -aufwendungen der Kreditinstitute im Zinszyklus .... - 5 -
Abbildung 3: Berechnung der Wertschöpfung .... - 11 -
Abbildung 4: Wertaktivitäten einer Bank .... - 12 -
Abbildung 5: Übersicht über die Outsourcing-Formen .... - 16 -
Abbildung 6: Outsourcing-Gründe .... - 17 -
Abbildung 7: Ablaufplan einer Outsourcing-Entscheidung .... - 22 -
Abbildung 8: Ansatzpunkte der Kostenbestimmung für die Eigenleistung .... - 25 -
Abbildung 9: Beispiele für mögliche Preismodelle und Zahlweisen .... - 26 -
Abbildung 10: Handlungsstrategien bei verschiedener Ausprägung der Leistungsmerkmale .... - 30 -
Abbildung 11: Vorgehensweise bei der Nutzwert-Risiko-Analyse .... - 32 -
Abbildung 12: Risiken bei der Auslagerung von Prozessen .... - 33 -
Abbildung 13: Argumentenbilanz für Outsourcing-Entscheidungen .... - 36 -
Abbildung 14: Ergebnisdarstellung der Nutzwert-Risiko-Analyse .... - 37 -
Abbildung 15: Handlungsempfehlungen gemäß ressourcen-basiertem Ansatz .... - 39 -
Abbildung 16: Darstellung eines allgemeinen Kreditprozesses .... - 43 -

1. Einleitung

Die Situation des deutschen Bankensektors ist seit den letzten Jahren durch eine Ertrags- und Strukturkrise der Institute gekennzeichnet. Aufgrund dieser aktuellen wirtschaftlichen Situation kommt es zu einer immer stärkeren Wettbewerbsintensivierung im Bankgeschäft. Durch die Übernahme der Postbank durch die Deutsche Bank im Jahre 2010 und dem Zusammenschluss der Commerzbank mit der Dresdner Bank 2009, sind auf dem deutschen Bankenmarkt zwei Riesen entstanden, deren Kundenzahl fast genauso groß ist, wie die der Sparkassenorganisation.[1] Vor allem Sparkassen müssen aufgrund ihrer bestehenden Kostenstrukturen eine strategische Neuausrichtung zum Erhalt ihrer Zukunftsfähigkeit als zwingend notwendig betrachten. Infolgedessen müssen gerade die regionalen Institute sich mit den Themen der Reorganisation der Wertschöpfungsketten und des Outsourcing von Prozessen beschäftigen. Dabei sind vor allem die Wertschöpfungsstrukturen der Banken in Deutschland problematisch. Die Leistungserstellung erfolgt überwiegend innerhalb des eigenen Unternehmens und führt daher zu einer hohen Wertschöpfungstiefe. Nach der Auffassung vieler Autoren, liegt die Wertschöpfungstiefe im Bankensektor zwischen 70 und 75 Prozent, während der Grad der eigenen Wertschöpfung in der Automobil- und Elektroindustrie mittlerweile bei ca. 20 Prozent liegt.[2]

Der stärkere Wettbewerbsdruck führt bei den Banken grundsätzlich einen Verzicht von Gewinnen, da die Banken versuchen durch eine Anpassung der Konditionen konkurrenzfähig zu bleiben. Kompensiert werden kann dies durch Rationalisierungsmaßnahmen. Denkbar sind hier Kosteneinsparungen durch eine Standardisierung der Prozesse und der Konzentration auf die Kerngeschäfte. Aus diesem Grund müssen die Kreditinstitute nach Wegen suchen, ihre entgangenen Gewinne auszugleichen. Eine effiziente Gestaltung von Kreditprozessen könnte durch zielgerichtetes Outsourcing erreicht werden.

Outsourcing stellt ein komplexes strategisches Entscheidungsproblem dar, welches im auslagernden Unternehmen zu weitgreifenden organisatorischen, personellen und wirtschaftlichen Veränderungen führen kann. Daher ist eine umfassende Planung und konsequente Durchführung der Outsourcing-Maßnahme elementar. Ziel dieser Arbeit soll es demzufolge sein, ein Vorgehensmodell aufzustellen und eine Checkliste zu entwickeln. Diese Checklisten sollen die wichtigsten Aspekte beinhalten, auf die bei einer Auslagerung geachtet werden muss. Dabei sollen die Checklisten als Leitfaden genutzt werden, um so zu einem

---

[1] Vgl. Prößer, Jens/ Schader, Stephan M. (2009), S.319.
[2] Vgl. Köckritz, Holger G. (2010), 4.Abschnitt (siehe Internet-/Intranetverzeichnis).

optimalen Vorgehen bei der Einführung von Outsourcing beizutragen. Als Adressaten sollen vor allem die Sparkassen angesprochen werden.

Der Outsourcing-Vorgang wird in verschiedene Abschnitte gegliedert, die nacheinander abgearbeitet werden sollen, um so einen reibungslosen Ablauf zu gewährleisten.

Der Ausgangspunkt für eine Outsourcing-Überlegung resultiert in den meisten Fällen aus einer kritischen Situation im Unternehmen oder ist das Resultat einer Analyse der äußeren Faktoren und der internen Prozesse. Aus diesem Grund ist es zunächst ratsam eine Ist-Analyse durchzuführen, die die aktuelle Situation im Bankensektor erläutert und versucht Ursachen für den Zustand zu finden. Dem schließt sich eine Prozessanalyse an, durch welche die internen Aspekte auf Handlungspunkte untersucht werden soll. Daran anknüpfend wird untersucht, ob Outsourcing zur Optimierung von Kreditprozessen geeignet ist und ein Vorgehensmodell zur Einführung entwickelt. Begonnen wird dieses Vorgehensmodell zunächst mit einer Überprüfung der rechtlichen Machbarkeit. Sollten normative Aspekte dem nicht entgegenstehen, schließt sich eine Abwägung der Vor- und Nachteile an. Eine Entscheidung für oder gegen den Fremdbezug von Leistung wird vorrangig durch Kostenaspekte bestimmt. Grundlage für eine argumentative Analyse ist die Durchführung einer Kostenvergleichsrechnung, welche anschließend durch einen Transaktionskostenansatz zu erweitern ist.

Eine Outsourcing-Entscheidung solle jedoch nicht ausschließlich nach Kostenpunkten beeinflusst werden. Bei einer Nutzwert-Risiko-Analyse sind zudem qualitative Belange der Auslagerung in die Betrachtung mit einzubeziehen. Ergibt diese Analyse, dass der Fremdbezug einer Leistung mittels Outsourcing einen höheren Nutzwert als die Eigenleistungserstellung aufweist, müssen Prozesse im Geschäftsablauf gefunden werden, bei denen eine Auslagerung sinnvoll ist und durch die auch tatsächlich die entscheidenden Vorteile erzielt werden können. Diesbezüglich müssen die vorhandenen Prozesse im Hinblick auf ihre Ressourcen und Kernkompetenzen untersucht werden. Hierbei soll der Kreditprozess betrachtet werden, da dieser das meiste Potential bietet.

Nachdem sich ein Bearbeitungsschritt als geeignet erwiesen hat, kann ein geeigneter Dienstleister gesucht werden und sein Angebotsspektrum diesbezüglich geprüft werden. Folglich kommt bei einer Übereinstimmung der benötigen Leistungen mit dem Angebot ein Outsourcing-Vertrag zustande, bei dem es gilt besondere Dinge zu beachten. Die erfolgreiche Unterzeichnung des Vertrags bereitet den Weg für die Implementierung der Auslagerung im Kreditinstitut.

Am Schluss dieser Arbeit soll eine Checkliste entwickelt werden. Dies soll entsprechenden Instituten als Grundlage für eine optimale Implementierung von Outsourcing-Prozessen dienen, treu nach dem Motto: „Do, what you can do best - outsource the rest"!

2. Ist-Analyse

Die Überlegung zur Auslagerung von Dienstleistungen wird in den meisten Fällen durch ein innerbetriebliches Problem des Kreditinstitutes ausgelöst. Ohne einen entsprechenden Problemdruck ziehen viele Institute Outsourcing gar nicht in Betracht. Doch gerade wenn die Banken aktiv nach Outsourcing-Chancen suchen, kann dies zu einer Erschließung von ungenutzten Potentialen kommen. Ausgangsbasis sollte daher eine umfangreiche und sorgfältige Ist-Analyse der gegenwertigen Situation sein, in der die Kreditinstitute ihre Umwelt und die internen Prozesse der Wertschöpfung hinsichtlich Verbesserungspotentiale untersuchen. Nur so ist es möglich, Chancen und Hinweise auf Handlungsbedarfe zu bekommen und notwendige Outsourcing-Objekte herauszuarbeiten. Ziel einer Ist-Analyse ist es jedoch nicht, ein Problem bereits zu lösen, sondern zunächst bestehende Probleme zu erkennen, um zukünftige Entwicklungen zu antizipieren.

Bevor sich ein Institut näher mit der Möglichkeit des Outsourcings beschäftigt, sollte zunächst ein Projektteam gegründet werden, welches das gesamte Vorgehen begleitet und kollektiv Entscheidungen trifft. Die Mitglieder sollten sowohl aus dem Management als auch direkt aus den Abteilungen kommen, bei denen das Outsourcing in Betracht gezogen wird. Nur so kann eine ausgewogene Betrachtung erzielt werden. Zudem ist es wichtig, dass ein Projektverantwortlicher bestimmt wird, der das Team führt und Hauptansprechpartner zu allen Themen darstellt. Die Mitglieder des Projektteams müssen über das nötige Fachwissen verfügen sowie die Kompetenz zur Entscheidungsfindung besitzen. Die wichtigsten Aufgaben dieses Projektteams sollten sein, den Untersuchungsumfang festzulegen, Entscheidungen abzuwägen und Zeitpläne zu erstellen und für deren Einhaltung Sorge zu tragen.[3]

2.1 Unternehmensumfeld-Analyse

Jeder strategische Planungsprozess muss als Ausgangspunkt zwingend eine Analyse der Umweltsituation beinhalten. Dies ist notwendig, um eine klare Vorstellung der gegenwärtigen und künftigen Marktanforderungen zu bekommen. Um das externe Umfeld der Banken zu untersuchen, kann eine klassische Unternehmensumfeld-Analyse, wie in Abbildung 1 dargestellt, genutzt werden. Neben der Analyse des Umfeldes des deutschen Bankenmarktes sind

---
[3] Vgl. Chiramel, Sebastian (2011), S.32.

durchaus auch die Wettbewerbsseite (hinsichtlich Konkurrenz) sowie die Nachfrageseite (hinsichtlich ihrer Bedarfe) mittels einer Konkurrenzanalyse zu untersuchen.

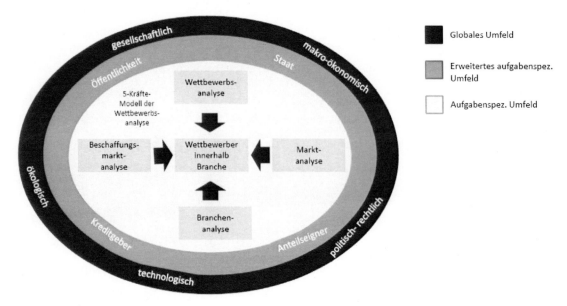

Abbildung 1: Überblick über die Analyse des Unternehmensumfeldes
Quelle: Eigene Darstellung in Anlehnung an: Baum, Heinz-Georg/ Coenenberg, Adolf G./ Günther, Thomas (1999), S.57.

Bei der Analyse der allgemeinen Umwelt werden gesellschaftliche, makroökonomische, ökologische, technologische und politisch-rechtliche Punkte näher untersucht. Für den Bankensektor sind die makroökonomischen und politisch-rechtlichen Aspekte, aufgrund ihrer wirtschaftlichen Tragweite besonders relevant, daher beschränkt sich die Darstellung der aktuellen Situation auf diese beiden Punkte.

2.1.1 Analyse der allgemeinen Umwelt
(1) Makroökonomische Umwelt:

Die Großbanken, Landesbanken und Realkreditinstitute verbuchten im Jahre 2009 einen deutlichen Fehlbetrag von 2,9 Mrd. € vor Steuern.[4] Belastet wurde die Ertragslage vor allem durch den gestiegenen Verwaltungsaufwand für Personal und Marketing und einen spürbaren Anstieg der Verluste aus der „außerordentlichen Rechnung". Auch für das Jahr 2010 ist eher von einer verhaltenen Profitabilitätsentwicklung auszugehen, was hauptsächlich auf die Nachwirkungen der weltweiten Rezession zurückzuführen ist. Weiterhin besteht eine erhöhte Unsi-

---

[4] Vgl. Deutsche Bundesbank (2010 a), S.17.

cherheit an den Finanzmärkten, die sich weiterhin negativ auf die Ertragspotentiale der Banken auswirken wird.[5]

Als Indikator zur Veranschaulichung der Ertragssituation der deutschen Kreditinstitute kann die Zinsspanne betrachtet werden, welche sich aus der Differenz zwischen dem Zinsaufwand und dem Zinsertrag ergibt.

Langfristig ist bei allen Kreditinstituten sowohl beim Aufwand als auch beim Ertrag eine fallende Tendenz auszumachen.[6]

Abbildung 2: Zinserträge und -aufwendungen der Kreditinstitute im Zinszyklus
Quelle: Deutsche Bundesbank (2010): Monatsbericht September 2010, S.19.

Die Abnahme der Zinsaufwendungen ist auf das allgemein niedrige Zinsniveau der letzten Jahre zurückzuführen, durch welches die Institute weniger Zinsen an ihre Kunden zahlen mussten.[7] Trotzdem muss festgestellt werden, dass der Wert der Zinsspanne schon seit Jahren deutlich zu gering ist und da die Zinsspanne ein wichtiger Indikator für die Rentabilität eine Bank ist, muss diese dringend erhöht werden.[8]

Neben dem auf niedrigem Niveau stagnierenden Zinsüberschuss, ist ein weiteres Problem der Banken, dass der Provisionsüberschuss rückläufig ist. Der Provisionsüberschuss setzt sich auch der Summe der Provisionserträgen und Provisionsaufwendungen zusammen und resultiert aus Wertpapiergeschäften, Zahlungsverkehr, Vermögensverwaltung und Kreditgeschäf-

---

[5] Vgl. Ebenda, S.17f.
[6] Vgl. Stiele, Maik (2008), S.42.
[7] Vgl. Deutsche Bundesbank (2010 a), S.18.
[8] Vgl. Burhop, Carsten (2004), S.67.

ten.[9] Der Provisionsüberschuss ist im Geschäftsjahr 2009 um 2,4 Mrd. € auf 27,4 Mrd. € gesunken.[10]

Die Ertragssituation der deutschen Banken ist des Weiteren durch eine hohe Kostenstruktur geprägt. „85 Prozent der Kreditbankentscheider bezeichnen ihre Kostenstruktur als problematisch, so die Studie "Branchenkompass Kreditinstitute" von Mummert Consulting und dem F.A.Z.-Institut."[11] Zur Einschätzung der Kostensituation kann als Kennziffer die Cost-Income-Ratio (allgemeine Verwaltungsaufwendungen in Relation zu den Erträgen aus dem operativen Bankgeschäft) Aufschluss geben. Je niedriger die Cost-Income-Ratio ausfällt, desto besser ist das Verhältnis zwischen Aufwand und Ertrag.[12] Die Cost-Income-Ratio lag 2008 bei 73,4 % und konnte durch Kosteneinsparungen auf 65,1 % im Jahr 2009 reduziert werden.[13] Die Kennziffer entwickelt sich trotz eines deutlichen Anstiegs der Verwaltungsaufwendungen der Banken im betrachteten Zeitraum um 4,4 % auf 82,2 Mrd. € in die richtige Richtung. Diese Erhöhung ist auf den gestiegen Personalaufwand von 7,0 % zurückzuführen und ist durch den Anstieg der variablen sowie erfolgsabhängigen Gehaltsbestandteile begründet.[14]

(2) Politisch-rechtliche Umwelt:
Die politisch-rechtliche Umwelt ist kennzeichnet durch die regulatorischen Anforderungen von Basel II und die Mindestanforderungen an das Kreditgeschäft (MaK) der Finanzdienstleistungsaufsicht (BaFin), welche die Kosten im Bankengewerbe weiter steigen lassen. Ziel von Basel II ist es, eine risikoadäquatere Eigenkapitalausstattung der Institute sowie eine verbesserte Risikosteuerung auf Gesamtbankebene zu erreichen. Dies soll durch die Erhöhung der Mindestkaptitalanforderungen (1.Säule), die Erweiterung durch einen bankenaufsichtsrechtlichen Überprüfungsprozess (2.Säule) und der ausgedehnten Offenlegungspflicht (3.Säule) gewährleistet werden.[15] Die Umsetzung der Richtlinie stellt für viele Institute finanzielle und strukturelle Herausforderungen dar. Dies spiegelt sich vor allem in der Gewinn- und Verlustrechnung der Kreditinstitute wieder, in der hohe Aufwendungen für Investitionen in entsprechend vorgegebene EDV, hohe Schulungskosten für das Personal sowie Kosten durch die Absicherung von Eigenkapital, den Gewinn verringern. Dabei besteht die Gefahr

---

[9] Vgl. Ashauer, Günter (2005), S.140.
[10] Vgl. Deutsche Bundesbank (2010 a), S.20.
[11] Forthmann, Jörg (2004), 1.Abschnitt (siehe Internet-/Intranetverzeichnis).
[12] Vgl. Stiele, Maik (2008), S.44f.
[13] Vgl. Deutsche Bundesbank (2010 b), S.1.
[14] Vgl. Deutsche Bundesbank (2010 a), S. 24.
[15] Vgl. Betsch, Oskar/ Thomas, Peter (2005), S.27f.

einer Überregulierung, was wiederum negative Folgen auf die Markteffizienz sowie das Wirtschafts- und Branchenwachstum haben könnte.[16]

Die neuen verschärften Anforderungen durch Basel II belasten vor allem die Margen im Kreditgeschäft der Banken. Das umfangreichere Ratingverfahren bindet mehr Mitarbeiterkapazitäten und auch die erhöhten Eigenkapitalrichtlinien können negative Auswirkung auf das Kreditgeschäft haben. Für viele Unternehmen wird es aufgrund ihrer geringen Eigenkapitalquoten immer schwerer, Kredite von den Banken zu bekommen, da eine schlechte Eigenkapitalquote auch ein schlechtes Rating nach sich zieht. Dadurch steigt die risikogerechte Verzinsung und der Kunde sieht sich nach einer günstigeren Finanzierungsalternative um. Immer mehr Kunden finanzieren ihre Investitionen nicht mehr bei ihrer Hausbank, sondern beziehen ihr Geld vom Kapitalmarkt oder bezahlen aus ihren angesparten Rücklagen.[17] Den Rückgang der Nachfrage von Krediten beweist auch eine Studie der KfW-Bankengruppe. Demnach verringerte sich im zweiten Quartal 2010 das Kreditneugeschäft der deutschen Kreditinstitute um rund acht Prozent gegenüber dem Vorjahresquartal.[18] Nicht nur dieser Aspekt ist ein Grund für den Rückgang der Zinserträge, sondern die Institute müssen auch Gewinneinbußen aus Kontokorrentlinien erleiden, da aufgrund der derzeitig guten Wirtschaftslage die Unternehmen ihre Kreditlinien nicht ausschöpfen.

2.1.2 Wettbewerbsanalyse

Die Kreditinstitute sind kaum noch in der Lage, bei steigenden Kosten, ihren Umsatz, Kundenzahlen und Gewinne zu steigern und dabei noch den größtmöglichen Nutzen für ihre Kunden zu erzielen. Die schlechte Ertragslage der Institute resultiert zum Großteil aus der wenig profitablen Kostenstruktur, welche hauptsächlich auf den hohen Wettbewerbsdruck im Bankensektor zurückzuführen ist.

Die Basis der Bankenstruktur in Deutschland bildet das „Drei-Säulen-System", welches den Gesamtmarkt in Kreditbanken, Genossenschaftsbanken und in öffentlich-rechtliche Institute gliedert. Hier kam es in den letzten Jahren zu einer immer stärkeren Verschmelzung zwischen den Tätigkeiten und Geschäftsfeldern der unterschiedlichen Institute. Diese Umstrukturierung brachte eine Erweiterung der Kundenprofile der Institute mit sich. Jetzt bewirtschaftet eine größere Anzahl von Instituten die gleichen oder sehr ähnliche Geschäftsfelder, was wiederum das enge Konkurrenzverhältnis auf dem Privatkundenmarkt verschärft.[19] Des Weiteren ist die Struktur der deutschen Banken durch eine hohe Fragmentierung gekennzeichnet, mit der eine

---

[16] Vgl. Kroneck, Stefan (2006), S.5.
[17] Vgl. Kaiser, Arvid (2009), 1.Abschnitt (siehe Internet-/Intranetverzeichnis).
[18] Vgl. Denzer-Speck, David (2010), S.1.
[19] Vgl. Stiele, Maik (2008), S. 34.

erhebliche Wettbewerbsintensität einhergeht. Dies erschwert die Situation der einzelnen Kreditinstitute bei ihrem Vorhaben, den Marktanteil auszubauen und neue Kunden zu akquirieren.[20]

Aufgrund des intensiven Wettbewerbs und der Vielzahl an Instituten, die den gleichen Markt umkämpfen, gilt Deutschland im europäischen Vergleich als „overbanked".[21] Ben Tellings, Chef der Direktbank ING-Diba, sieht „Deutschland mit Geldinstituten überversorgt. Die hohen Kosten zwängen früher oder später zu Zusammenschlüssen."[22] Dieser Aspekt kann durch Untersuchungen der KfW widerlegt werden. Demnach ist Deutschland keinesfalls „overbanked", da gemessen an den beanspruchten makroökonomischen Ressourcen nur rund 2% der Erwerbstätigen auf das Kreditgewerbe fallen, wie dies auch in anderen großen Volkswirtschaften der Fall ist.[23]

Laut Bankenverband gab es 2009 in Deutschland 2.121 Institute mit 39.441 inländischen Zweigstellen. Gemessen an der Bevölkerungszahl für 2009 von 81.802,3 Mio.[24] ergibt sich daraus für Deutschland eine Filialdichte von 4,82 Filialen je 10.000 Einwohner. In Großbritannien hingegen gab es 2008 nur 391 Institute mit 12.500 Filialen.[25] Bezogen auf die Einwohnerzahl von 61.899.000 Mio.[26] lässt sich eine Filialdichte von 2,02 Filialen auf 10.000 Einwohner errechnen. Demnach kann Deutschland eher als „overbranched" bezeichnet werden. Ein internationaler Vergleich kann jedoch nur eingeschränkt gezogen werden, da es sich bei Deutschland um ein Flächenland mit unterschiedlich stark wachsenden Regionen handelt.[27] Trotzdem kann geschlussfolgert werden, dass deutsche Kreditinstitute ein breit ausgebautes Filialnetz betreiben, welches hohe Kosten produziert und dabei wenig profitabel ist, wodurch auch die Erträge der einzelnen Institute geschmälert werden.

Durch den starken Wettbewerb auf dem Finanzmarkt werden die Margen für Finanzdienstleistungsprodukte immer weiter gedrückt. Dies zwingt zu ständigen Effizienzgewinnen, die in Form von günstigen Preisen und Konditionen an die Kunden weitergegeben werden müssen, um weiterhin wettbewerbsfähig zu bleiben.[28] Ein beachtlicher Preisdruck geht hier von den Direktbanken oder Online-Banken aus. Sie können aufgrund der Virtualisierung des Ver-

---

[20] Vgl. Brunner, Fabian (2009), S.76.
[21] Vgl. Stiele, Maik (2008), S. 27.
[22] o.V. (2010), 1. Abschnitt (siehe Internet-/ Intranetverzeichnis).
[23] Vgl. Borger, Klaus / Rehbock, Tobias (2005), S. 13.
[24] Vgl. Statistisches Bundesamt (2009), S.1.
[25] Vgl. European Central Bank (2010), S.3.
[26] Vgl. Statistisches Bundesamt (2010), S.1.
[27] Vgl. Dinauer, Josef (2001), S.83f.
[28] Vgl. Brunner, Fabian (2009), S.76.

kaufsprozesses vor allem Personal- und Filialkosten einsparen und somit Bankprodukte zu geringen Preisen und kundenfreundlichen Zinsen anbieten.[29] So treten die Direkt- und Online-Banken in Wettbewerb mit den etablierten Kreditinstituten, welche zum Großteil vor allem die traditionellen Vertriebskanäle nutzen. Des Weiteren drängen durch die zunehmende Globalisierung des Finanzmarktes immer mehr ausländische Finanzdienstleister und Non- und Near-Banks auf den Markt.[30] In den kommenden Jahren wird sich diese Problematik noch mehr verschärfen, da der Markt im Retail-Banking in den nächsten Jahren nur um 1 % p.a. wachsen wird.[31] Daher wird eine stagnierende Anzahl an Kunden von immer mehr Instituten umworben. Dies erhöht den Wettbewerbsdruck weiter und steigert zwangsläufig den Druck auf die Gewinnmargen und die Profitabilität der einzelnen Institute.

Ein weiterer Grund für den regelrechten Margenverfall ist durch die abnehmende Loyalität der Kunden gegenüber ihrer Hausbank begründet. Für viele Kunden ist die Hausbank nicht mehr der vorrangige Ansprechpartner, sondern der Trend geht zu Angebotsvergleichen unter den Banken.[32] Kunden ziehen ihre Einlagen von gering verzinsten Spar- oder Tagesgeldkonten ab und transferieren es zu Online-Banken, weil sie dort mehr Zinsen bekommen.

Auch auf der Kreditseite ist dieser Trend zu verzeichnen. Die Kunden schulden ihre Dispositionskredite und Kreditkartenschulden in niedriger verzinste Konsumentenkredite um.[33] Der Kreditmarkt ist von den Instituten besonders hart umkämpft. Nach einer Umfrage im Jahre 2007 von Steria Mummert Consulting verlieren zwei Drittel der Filialbanken Kunden der privaten Baufinanzierung an andere Anbieter. Dieses Geschäftsfeld ist für viele Institute eines der Kerngeschäfte, weil hier das Cross-Selling-Potential am attraktivsten ist und gute Zinserträge generiert werden.[34] Doch gerade auf diesem wichtigen Geschäftsfeld sehen die Banken Probleme. Insbesondere der Kreditbearbeitungsprozess verläuft bei vielen Instituten oft nicht zufriedenstellend. Es herrschen Medienbrüche, lange Bearbeitungszeiten und hohe Personal- und Abwicklungskosten innerhalb der Prozesse vor.[35]

Die Banken sind also gezwungen, ihre Konditionsgestaltung an die neue Wettbewerbssituation anzupassen. Eine Reduzierung der Zinsen und Gebühren geht jedoch wieder mit einer Verringerung der Marge einher. Es müssen daher andere Alternativen gefunden werden. So kön-

---

[29] Vgl. Disselbeck, Kai (2007), S. 83f.
[30] Vgl. Betsch, Oskar/ Thomas, Peter (2005), S.21f.
[31] Vgl. Köhler, Peter (2010), 1.Abschnitt (siehe Internet-/ Intranetverzeichnis).
[32] Vgl. Speek, Jochen (2007), S.315.
[33] Vgl. Steinbach, Michael/ Syrbe, Benjamin (2008), S.75f.
[34] Vgl. Speek, Jochen (2007), S.315.
[35] Vgl. Füser, Karsten (2007), S.451.

nen Kosten vor allem durch eine Optimierung der Prozesse reduziert werden. Um dem zunehmenden Wettbewerb entgegen zu treten, das heißt weiterhin zu marktüblichen Konditionen anzubieten und dabei Gewinne zu erwirtschaften, müssen die Institute ihre internen Prozesse hinsichtlich der Einsparpotentiale analysieren. Der Kostendruck wird weiterhin so stark im Kreditgeschäft bestehen bleiben, daher ist davon auszugehen, dass sich die deutsche Bankenlandschaft in den nächsten Jahren deutlich strukturell verändern muss.

Abschließend ist ein Bild der gegenwertigen Ist-Situation entstanden. Dieses kann mit den eigenen Stärken und Schwächen sowie der Ziel-Situation des Unternehmens abgeglichen werden, um eine strategische Stoßrichtung zu entwickeln.[36]

2.2 Prozessanalyse

Zur Analyse der internen Unternehmensumwelt ist weiterhin die Prozessanalyse von elementarer Bedeutung. Zentrales Ziel der Analyse ist es, die Verbesserungspotentiale in der Wertschöpfungskette der Banken zu finden und zu untersuchen, um so Kosten und Ressourcen minimieren zu können. Dazu ist es notwendig die Wertschöpfungsketten genauer zu betrachten, um so die Lücke zwischen der Ist-Situation und der Ziel-Situation zu schließen.

Bei Kreditinstituten werden Erträge aus der betrieblichen Wertschöpfung erzielt. Dieser Ansatz resultiert aus der Industrie, was eine Übertragung auf den Bankensektor durchaus problematisch macht. Die industrielle Struktur stellt den Prozess, beginnend mit der Produktentwicklung, über Produktion und am Ende den Vertrieb, in einer logischen und zeitlich aufeinanderfolgenden Reihenfolge dar. Die Produktion von Bankdienstleistungen lässt sich schwer als Prozess darstellen, da die Produkte insbesondere durch ihre Immaterialität und Abstraktheit gekennzeichnet sind. Des Weiteren setzen sich Bankprodukte aus Leistungsbündeln zusammen, die sowohl das Kernprodukt als auch eine Vielzahl von Zusatzleistungen beinhalten.[37] Im Bankensektor stehen Bereiche wie Vertrieb, Analyse, Aufbereitung und Risikoübernahme im Mittelpunkt der Leistungserstellung.[38] Daraus kann geschlussfolgert werden, dass es sich in der Bankenbranche nicht mehr um einen linearen Produktionsprozess, sondern vielmehr um einen auf Rückkopplungen und Beziehungen zwischen den Bereichen basierenden Prozess handelt. Daher ist es zunächst sinnvoll, den linearen Produktionsprozess darzustellen, um daraus die Wertschöpfungskette herzuleiten.

---

[36] Vgl. Prößer, Jens/ Schader, Stephan M. (2009), S.320.
[37] Vgl. Krause, Eric (2008), S.15.
[38] Vgl. Bernet, Beat/ Mattig, Andreas (2009), S.23.

2.2.1 Produktionsprozess und Wertschöpfung

Bezogen auf Banken ergibt sich in Anlehnung der industriellen Denkweise ein zweistufiger Produktionsprozess. Der Ausgangspunkt des Produktionsprozesses ist nicht, wie bei produzierenden Unternehmen, die Produktentwicklung, sondern der Bankprozess beginnt mit dem Absatzmarkt. Den Beginn bilden hier Aktivitäten des Vertriebes und der Beratung. Auf dieser Stufe werden die internen Produktionsfaktoren kombiniert, um die Leistungsbereitschaft zur Vermarktung bestimmter Produkte herzustellen. Die Teilaktivitäten variieren entsprechend der Ausprägung der Geschäftsausrichtung (Konsum-, Hypothekenkredite, Anlagen oder Girogeschäfte). Die zweite Phase stellt die Ausführung und Abwicklung der Bankgeschäfte dar und umfasst allgemeine Reporting-Aktivitäten, Aufgaben der Depotführung und der Verwaltung der Stammdaten sowie die Erstellung von Beschlussvorlagen im Kreditgeschäft, Vertragserstellung, Bonitätsprüfung und Valutierungen.[39] (Darstellung siehe Abbildung 4)

Dabei steht der Wertbetrag einer Dienstleistung und dessen Entstehung im Vordergrund. Es ist schwer, die Produktivität einer Dienstleistung zu bestimmen. Als Kriterium für die Effizienz von Prozessen wird daher auf die Wertschöpfung verwiesen.[40]

Ausgangspunkt für die Berechnung der bankspezifischen Wertschöpfung ist der Umsatz des Kreditinstitutes abzüglich der Summe aus Vorleistungen minus Kosten der Fremdleistungserstellung geteilt durch den Umsatz.

$$\text{Wertschöpfung} = \frac{\text{Umsatz} - (\text{Vorleistungen} + \text{Fremdleistung})}{\text{Umsatz}}$$

Abbildung 3: Berechnung der Wertschöpfung
Quelle: Vgl. Voigt, Kai-Ingo (2008), S.181.

Wertschöpfung ist also nur möglich, wenn Produkte auf dem Markt Akzeptanz finden. Die Kernfrage zur Bestimmung der Wertschöpfung ist demnach, welche Dienstleistungen als Bestandteile der betrieblichen Gesamtleistung in welchen Quantitäten fremdbezogen und welche selbst erstellt werden sollten.[41] Die Wertschöpfung ist demnach „die Summe der Werte aller Prozesse im Unternehmen, die Wert im Sinne des Kunden schaffen."[42]

---

[39] Vgl. Krause, Eric (2008), S.17.
[40] Vgl. Bruhn, Manfred/ Stauss, Bernd (2007), S.6f.
[41] Vgl. Voigt, Kai-Ingo (2008), S.181.
[42] Helmus, Manfred/ Meins-Becker, Anica/ Laußat, Lars u.a. (Hrsg.) (2009), S.35.

2.2.2 Wertketten im Kreditgeschäft

Anhand der Darstellung des Produktionsprozesses sowie der Wertschöpfung von Banken kann im Folgenden auf die bankspezifische Wertschöpfungskette eingegangen werden. Um die Wertschöpfung einer Bank zu klären, können Wertketten herangezogen werden. Sie bezeichnet den Weg einer Dienstleistung vom Vertrieb bis zur Abwicklung mitsamt der in jeder Stufe erzielten Wertsteigerung.[43] Bei einer Betrachtung der Banken aus Prozessperspektive, können die Wertschöpfungsprozesse eigenständig oder auch integrativ analysiert und die Bedeutung von Aktivitäten und Prozessen beurteilt werden.[44] Die Analyse der Wertschöpfungskette ist ein Instrument zur Identifikation von Kostenvorsprungs- bzw. Differenzierungspotentialen und dient dem Ermitteln von Kernkompetenzen. Sie basiert auf dem Konzept der prozessorientierten Wertkette nach Porter.[45]

Abbildung 4: Wertaktivitäten einer Bank
Quelle: Eigene Darstellung, in Anlehnung an Universität St. Gallen (2006): Delphi-Studie „Wertschöpfungsmodell der Zukunft – Banken und Provider 2010", St.Gallen, 2006, S.4ff

Im Wesentlichen setzt sich die Wertkette nach Porter aus den Wertaktivitäten und der Gewinnspanne zusammen. Wertaktivitäten sind dabei physisch und technologische unterscheidbare Aktivitäten, die von einem Unternehmen ausgeführt werden und innerhalb der Wertkette miteinander verknüpft sind.[46] Dieser Wert wird als Betrag definiert, den ein Kunde für die angebotene Leistung zu zahlen bereit ist. Die Gewinnspanne hingegen ergibt sich aus der Differenz vom Wert (gemessen als Preis multipliziert mit der Menge) und den durch die Wertak-

---

[43] Vgl. Helmus, Manfred/ Meins-Becker, Anica/ Laußat, Lars u.a. (Hrsg.) (2009), S.35.
[44] Vgl. Krause, Eric (2008), S.86.
[45] Vgl. Porter, Michael E. (1985), S.36ff.
[46] Vgl. Finkeissen, Alexander (2000), S.45.

tivität verursachten Kosten.[47] Des Weiteren werden die Wertaktivitäten in primäre und unterstützende Aktivitäten unterteilt. Die primären Aktivitäten lassen sich aus dem Produktprozess der Bankdienstleistung (wie oben beschrieben) entnehmen und stehen in engem Zusammenhang mit den Kunden und Produkten des Institutes.[48] Die unterstützenden Aktivitäten beschreiben übergreifende Aktivitäten zur Planung, Steuerung und Kontrolle. Dazu gehören die Bankeninfrastruktur (Geschäftsführung, Rechnungswesen, Controlling), die Personalwirtschaft (Personalplanung, -beschaffung, -entwicklung), die Technologieentwicklung (Forschung und Entwicklung, IT-Systeme), sowie die Risikopolitik. Jede der aufgezählten Leistungen trägt zur Wertschöpfung eines Unternehmens bei.[49]

Laut Porter wird jedes Unternehmen als eine Ansammlung wertschöpfender Tätigkeiten verstanden, durch die die Produkte entworfen, hergestellt, vertrieben, ausgeliefert und unterstützt werden. Aus diesem Grund kann das Konzept der Wertketten auch auf den Kreditprozess übertragen werden.[50]

Die Kreditinstitute sind herausgefordert, ihre Wertschöpfungskette kritisch zu hinterfragen und die bestehenden Abläufe hinsichtlich Verbesserungsmöglichkeiten zu überdenken. Nur drei Prozent der befragten Institute sind mit dem Kreditprozess sehr zufrieden und fast 25 Prozent der befragten Banken und Sparkassen sind sogar eher unzufrieden mit dem Kreditprozess.[51] Als eine Hauptursache der Unzufriedenheit wird die fehlende Automatisierung bei Schritten im Kreditprozess gesehen. Als zweite Ursache erkennen ebenfalls knapp zwei Drittel der Banken und Sparkassen zu viele nichtwertschöpfende Teilprozesse. Prozesse ohne Wertschöpfung in Form von Doppelarbeiten oder vom Kunden nicht gewünschte und daher auch nicht bezahlte Leistungen, belasten die Effektivität und Effizienz des Kreditprozesses.[52] Als Resultat müssen die bestehenden Wertketten aufgebrochen werden. Generell haben die regional verankerten Kreditinstitute drei Optionen zur Veränderungen in der Wertschöpfungskette. Die erste Option ist die Optimierung der Eigenfertigung. Dabei ist nicht nur eine Optimierung der Prozesse zielführend, sondern vielmehr die Neuausrichtung der Aufbau- und Ablauforganisation.[53] Diese Variante führt jedoch nicht zu Mengeneffekten. Da gerade die regionalen Sparkassen über ein kleines Auftragsvolumen verfügen, müssen unnötige Kapazitäten vorgehalten werden, die eine Kosteneinsparung unmöglich machen. Die zweite Option

---

[47] Vgl. Kraus, Roland (2005), S.9.
[48] Vgl. Porter, Michael E. (2000), S.70f.
[49] Vgl. Koch, Jens (2008), S.17.
[50] Vgl. Ade, Benjamin/ Moormann, Jürgen (2004), S.157.
[51] Vgl. Franke, Jochen/ Schwarze, Felix (2005), S.9.
[52] Vgl. Heckl, Diana (2007), S.8.
[53] Vgl. Ade, Benjamin/ Moormann, Jürgen (2004), S.157.

kann in der Nutzung von Kooperationsmodellen gesehen werden, durch welches ein Institut auch Leistungen für andere Banken übernehmen kann. Diese Möglichkeit wird jedoch nur wenig genutzt, da die Kooperationsmodelle betriebswirtschaftlich nicht ausreichend attraktiv sind, sodass die Institute vor dem Aufwand und dem Risiko zurückschrecken.[54] Die dritte Option stellt das Outsourcing da, bei dem das Institut Prozesse an einen externen Dienstleister oder ein verbundenes Unternehmen auslagert. Eine Verbesserung der Kostenseite kann dabei vor allem durch ein gut funktionierendes Prozessmanagement und durch eine Standardisierung der Prozesse erreicht werden.[55] Dabei werden vor allem Geschäftsbereiche ausgelagert, die für die Bank in eigener Fertigung sehr teuer oder nicht effizient sind. Um welche Prozessschritte es sich bei der Auslagerung konkret handelt, wird nach der Ressourcen- und Kernkompetenzermittlung genauer erläutert.

In den letzten Jahren ist es zum Trend geworden, die internen Prozesse radikal zu verschlanken. Dies erfolgt zum Großteil durch die Reduzierung des Anteils der unternehmensinternen Leistungserstellung an der Gesamtwertschöpfung, also durch die Auslagerung von Prozessen an externe Dienstleister. Eine Reduzierung der Wertschöpfungstiefe ist daher ein Mittel, um die Kosten der Banken zu senken und sich auf wesentliche Bereiche zu konzentrieren. Durch die Analyse der einzelnen Wertschöpfungsaktivitäten und deren Verknüpfung untereinander haben die Banken die Möglichkeit, ihre noch nicht ausgeschöpften Potentiale zu erkennen, sie mit anderen Instituten zu vergleichen, um daraus Handlungsalternativen abzuleiten. Die meisten ungenutzten Einsparpotentiale sind in der Kreditbearbeitung auszumachen, da dieser Bereich erst seit kurzem in die Outsourcing-Überlegungen einbezogen wird.[56] Daher soll der Prozess der Kreditbearbeitung auch Gegenstand der nachfolgenden Untersuchungen sein.

3. Outsourcing von Kreditprozessen als Problemlösung

Nachdem die Ist-Analyse Schwachstellen hinsichtlich der Ertrags- und Kostenlage der Banken aufgezeigt hat und durch die Prozessanalyse Verbesserungspotentiale durch Optimierung und Standardisierung der Prozesse ermittelt wurde, besteht für die Banken ein deutlicher Hinweis auf einen Veränderungsbedarf. Dabei ist vor allem die Ertragsseite in den Fokus zu rücken. Die Banken brauchen innovative und neue Ideen, um den Veränderungen im Kundenverhalten entgegenzuwirken. Des Weiteren muss viel mehr auf die Bedürfnisse der Kunden eingegangen werden, um das verlorene Kundenvertrauen wiederzugewinnen. Um sich mehr auf die Kundenbedürfnisse konzentrieren zu können, müssen sich die Institute von Pro-

---

[54] Vgl. Prößer, Jens/ Schader, Stephan M. (2009), S.333.
[55] Vgl. Moormann, Jürgen (2009), 6.Abschnitt (siehe Internet-/ Intranetverzeichnis).
[56] Vgl. Voigt, Kai-Ingo (2008), S.185.

zessschritten trennen, welche von einem externen Dienstleister kostengünstiger ausgeführt werden können. Dabei könnte Outsourcing als Lösung herangezogen werden. Durch die Auslagerung von Geschäftsprozessen können weiterhin die Kosten des Institutes gesenkt werden, wodurch auch die Ertragslage verbessert werden kann.

Ob dies der Fall ist und wie ein optimales Vorgehensmodell bis zur Implementierung des Outsourcings aussehen kann, wird in den nachfolgenden Abschnitten erläutert. Eine operative Auseinandersetzung mit dem Nutzen von Outsourcing-maßnahmen erfordert zunächst eine begriffliche Klärung, eine Darstellungen der verschiedenen Formen sowie ihrer typischen Zielrichtungen.

3.1 Grundlagen des Outsourcing: Begriffsklärung

Der Begriff „Outsourcing" ist eine Wortschöpfung aus der amerikanischen Management-Praxis und ist aus den drei Begriffen „outside", „resource" und „using" hervorgegangen. Dies bedeutet soviel, wie die „Nutzung externer Ressourcen".[57] Grundsätzlich ist unter Outsourcing zunächst „die Übertragung von Aufgaben, Ressourcen und Verantwortung an einen oder mehrere rechtlich unabhängige Dienstleister"[58] zu versehen. Dabei ist jedoch strittig, ob die übertragene Leistung vorher innerhalb des Unternehmens selbst hergestellt oder ausgeführt worden sein muss. Nur wenn diese Bedingung zutrifft, kann von Outsourcing im ursprünglichen Sinne gesprochen werden. Mittlerweile ist diese Einschränkung jedoch nicht mehr zeitgemäß, denn zunehmend werden auch bei Start-up Unternehmen von Anfang an Prozesse an externe Dienstleister übertragen. Eine gesetzliche Definition des Begriffs existiert in der Literatur noch nicht. Der Gesetzgeber hat jedoch im Rahmen der 6. Novelle des Kreditwesengesetz (KWG), welche am 9.9.1998 in Kraft getreten ist, im neu geschaffenen §25a Abs. 2 KWG erstmals die Zulässigkeit von Outsourcing bei Kreditinstituten gesetzlich geregelt.

Des Weiteren gibt die BaFin in ihrem Rundschreiben 15/2009 im AT 9/1 folgenden Definitionsansatz: „Eine Auslagerung liegt vor, wenn ein anderes Unternehmen mit der Wahrnehmung solcher Aktivitäten und Prozesse im Zusammenhang mit der Durchführung von Bankgeschäften, Finanzdienstleistungen oder sonstigen institutstypischen Dienstleistungen beauftragt wird, die ansonsten vom Institut selbst erbracht würden."[59]

Der Ursprung des Outsourcings liegt im Prinzip der Arbeitsteilung, welches Adam Smith im 18. Jahrhundert in seinem Werk „Wohlstand der Nationen" anhand der Produktion von Steck-

---

[57] Vgl. Hermes, Heinz-Josef/ Schwarz, Gerd (2005), S.15.
[58] Vgl. Disselbeck, Kai (2007), S.163.
[59] BaFin (2009), AT 9 (1), Tz. 1ff.

nadeln erkannte. Mit diesem Experiment illustrierte er, dass bei einer Spezialisierung der Mitarbeiter auf einen speziellen Bereich die Produktivität deutlich erhöht werden konnte.[60] Hier knüpft Taylors Ansatz zur „wissenschaftlichen Betriebsführung" an, den Henry Ford Anfang des 20. Jahrhunderts durch die Einführung der Massenproduktion und Fließbandarbeit in seinem Automobilwerk umsetzte. Während die Ansätze von Smith und Taylor produktionstechnische Spezialisierungsvorteile innerbetrieblicher Arbeitsteilung thematisieren, kann man dies heute im Outsourcing auf die gesamtunternehmerische Nutzung von externem Wissen und Können zwischenbetrieblicher Arbeitsteilung beziehen.[61]

3.2 Outsourcing-Formen

Beim Outsourcing treten eine Vielzahl von Erscheinungsformen auf. Unter vertraglichen Aspekten unterscheidet man prinzipiell zwischen der Auslagerung (auch externes Outsourcing genannt und daher als Synonym für das in dieser Arbeit beschrieben Outsourcing verwendbar) und der Ausgliederung (sog. internes Outsourcing).

Bei einer Auslagerung handelt es sich um die Übertragung entweder eines gesamten Aufgabenbereiches oder aber eines Teilbereiches an ein rechtlich und wirtschaftlich selbständiges Dienstleistungsunternehmen.[62] Von internem Outsourcing spricht man, wenn eine Ausgliederung der Aufgabenbereiche lediglich an eine rechtlich selbständige Einheit innerhalb des Konzerns erfolgt. Dies hat zum Vorteil, dass das ausgliedernde Unternehmen immer noch Einfluss auf die Ausübung nehmen kann.[63]

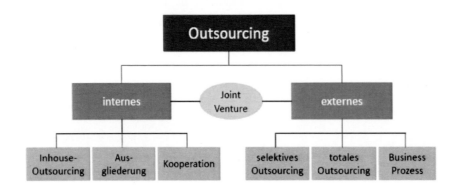

Abbildung 5: Übersicht über die Outsourcing-Formen; Quelle: Eigene Darstellung.

---

[60] Vgl. Bergmann, Rainer/ Garrecht Martin (2008), S.22f.
[61] Vgl. Bacher, Matthias Richard (2000), S.11f.
[62] Vgl. Disselbeck, Kai (2007), S. 167.
[63] Vgl. Balze, Wolfgang/ Rebel, Wolfgang/ Schuck, Peter (2007), S.3f.

Eine Unterform des internen Outsourcings ist das Inhouse-Outsourcing. Hierbei erfolgt die Leistungserstellung räumlich unverändert in sog. Shared-Services-Centern oder Profit-Centern, in denen die wichtigen Funktionen und Bereiche des Unternehmens innerhalb des Konzerns gebündelt werden und die Bearbeitung dadurch zentralisiert wird.[64] Dem gegenüber steht die Kooperation. Hier werden die Verbunddienstleister aufgebaut, die für verschiedene Institute die Leistungsabwicklung anbieten.

Externes Outsourcing kann anhand des Leistungsumfanges unterschieden werden in selektives Outsourcing, totales Outsourcing und Business Prozess Outsourcing. Beim selektiven Outsourcing werden nur einzelne Aktivitäten ausgelagert, für die das Outsourcing-Unternehmen bezahlt wird und oft den Gesamtprozess gar nicht kennt. Die Auslagerung von Funktionen wie den Sicherheitsdienst oder die Gebäudereinigung ist Bestandteil des totalen Outsourcings. Hier besteht kein besonderes Auslagerungsrisiko, da die Funktionen nicht unmittelbar an andere Bereiche im Unternehmen geknüpft sind. Beim Business Prozess Outsourcing werden ganze Unternehmensbereiche oder Prozesse herausgelöst und an einen Outsourcing-Unternehmen übergeben.[65]

Eine Zwischenform der beiden Hauptausprägungen ist das Joint Venture. Eine Auslagerung erfolgt hier über eine Kooperation, wobei Teilbereiche des Unternehmens in eine rechtlich selbständige Einheit ausgelagert werden, die jedoch teilweise noch dem auslagernden Unternehmen gehört. Möglich ist auch, dass unabhängige Kreditinstitute jeweils den gleichen Bereich auslagern. Dabei gegen die Institute eine Kooperation ein, indem ein gemeinsamer Dienstleister gründet wird.[66]

3.3 Gründe, die für ein Outsourcing von Prozessen sprechen

Durch die Auslagerung von Prozessen oder ganzen Geschäftsfeldern soll der aktuellen Situation auf dem deutschen Bankenmarkt entgegengewirkt werden. Outsourcing kann als geeignetes Instrument verwendet werden, da die Ziele, die durch Outsourcing erreicht werden können, entscheidend für die Lösung der gegenwertigen Kosten- und Strukturprobleme sind.

Daher sollen zunächst die Gründe dargestellt werden, welche positiv zur Verbesserung der aktuellen Situation auf dem deutschen Bankenmarkt beitragen können. Die Hauptgründe sind in jedem Fall die Kosteneinsparung und die Fokussierung auf das Kerngeschäft. Auf die wichtigsten Motive wird anschließend noch genauer eingegangen.

---

[64] Vgl. Jung, Hans (2008), S.52.
[65] Vgl. Hermes, Heinz-Josef/ Schwarz, Gerd (2005), S.15.
[66] Vgl. Müller-Dauppert, Bernd (2005), S.103.

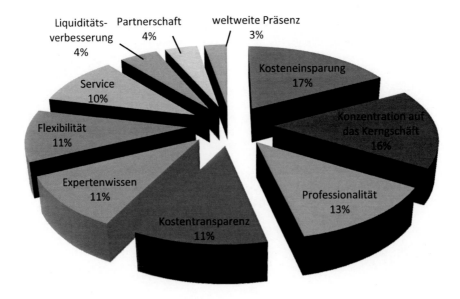

Abbildung 6: Outsourcing-Gründe
Quelle: eigene Darstellung, in Anlehnung an: Steria Mummert Consulting (2008),
3.Abschnitt (siehe Internet-Intranetverzeichnis).

3.3.1 Kosteneinsparung

Die Kreditbearbeitung verursacht bei Kreditinstituten durch die Vielzahl an Teilaktivitäten hohe Produktionskosten. Daher ist wohl die Einsparung von Kosten das wichtigste Ziel einer Auslagerung von Kreditprozessen. Durch Outsourcing sollen Kosten gesenkt werden, in dem gewisse Tätigkeiten der Kreditbearbeitung von Fremdspezialisten ausgeführt werden, die vorher in unternehmensinternen Organisationseinheiten ausgeführt wurden.[67] Bedingung ist hier, dass die internen Kostenpunkte zur Erstellung der Leistung deutlich höher sind, als die Kosten, die durch einen externen Dienstleister und dessen Kontrolle entstehen.[68] Dabei können sich die Vorteile durch ganz unterschiedliche Art und Weise niederschlagen.

Zum einen kann der Kostenvorteil zurückgeführt werden auf die Ausnutzung von Mengeneffekten, den sogenannten Economices of Scale. Externe Dienstleister sammeln Aufträge verschiedener Institute und erreichen so größere Bearbeitungsmengen, welche den Dienstleistern Betriebsgrößenersparnisse ermöglichen. Mit Zunahme der Aufträge fallen die Herstellungskosten, da die Bündelung zu einer steigenden Spezialisierung führt.[69] Eine Spezialisierung bringt des Weiteren Erfahrungsvorteile mit sich, die vor allem in Folge von häufigen Wiederholungen der Abläufe im Kreditprozess auftreten.[70] Somit entstehen Kosteneinsparungen je

---

[67] Vgl. Bacher, Matthias Richard (2000), S.65.
[68] Vgl. Wüllenweber, Kim/ Janisch, André/ Monsport, Andreas u.a. (2007), S.31.
[69] Vgl. Dittrich, Jörg/ Braun, Marc (2004), S.30.
[70] Vgl. Disselbeck, Kai (2007), S.177.

Leistungseinheit aufgrund der hohen Spezialisierung der Mitarbeiter und der Prozessabläufe sowie der Bündelung von Know-How bei einem externen Dienstleister. Konkretisieren lassen sich die Einsparungen vor allem in den kürzeren Prozessdurchlaufzeiten und einer geringeren Fehlerquote. Dies ist nicht nur ein Kostenvorteil, sondern auch gleichzeitig ein Qualitätsvorteil.

Auf Grund der höheren Ausbringungsmenge können Outsourcing-Unternehmen ihre Kapazitäten besser verwalten als ein einzelnes Institut und so kostenverursachende Leerzeiten vermeiden. Durch die stärkere Auslastung können die Personal- und Systemkosten reduziert werden, da Ressourcen intensiver genutzt werden können und die Mitarbeiter durch ihre Spezialisierung rationaler arbeiten können.[71]

Bei externen Dienstleistern werden die Mitarbeiter oft nicht nach dem Branchentarif der Banken entlohnt. Somit kann mit geringeren Personalkosten produziert werden. Des Weiteren können leistungsbezogene Bestandteile in den Lohn einbezogen werden, was durchaus kostengünstiger ist und die Produktivität des Personals steigert.[72]

Neben den hohen Personalfixkosten entstehen bei Kreditinstituten auch hohe fixe Kosten für Informationstechnologie und Raummieten. Durch eine Auslagerung kann eine Flexibilisierung der Fixkosten erwirkt werden. Besonders bei fixkostenintensiven Abläufen, wie es die Kreditbearbeitung ist, muss eine Vielzahl an Personal und Betriebsmitteln vorgehalten werden. Daher ist es ratsam, durch eine Auslagerung die fixen Kosten in variable Kosten des Fremdbezuges umzuwandeln und diese dem externen Dienstleister in Rechnung zu stellen. Dann entfallen Kosten für die Aufnahme und Umsetzung des Bearbeitungsprozesses sowie Leerkosten, die sich aus Personalreserven zum Kapazitätsspitzenausgleich ergeben.[73] Zudem hat die Flexibilisierung der Kosten eine erhöhte Kostentransparenz zur Folge. Für die Kreditinstitute besteht eine große Problematik in der Ermittlung der tatsächlichen Kosten für eine Leistungserstellung, da es häufig Abgrenzungs- und Erfassungsprobleme gibt. Outsourcing-Unternehmen stellen ihre Leistungen entsprechend einer vertraglichen Vereinbarung in Rechnung. So können die Kosten genau zugeordnet sowie die Kostenplanung und -kontrolle verbessert werden.[74]

Ferner kommt es bei externen Dienstleistern zu Verbundeffekten (Economies of Scope). Hierbei entsteht eine Reduzierung der Kosten dadurch, dass die Fixkosten auf mehrere Teil-

---

[71] Vgl. Gebhardt, Andreas (2006), S.27f.
[72] Vgl. Lamers, Stephan M. (1997), S.89.
[73] Vgl. Bacher, Matthias Richard (2000), S.67.
[74] Vgl. Hermes, Heinz-Josef/ Schwarz, Gerd (2005), S.20.

aspekte des Kreditprozesses verteilt werden können, weil bestimmte Produktionsfaktoren für eine Vielzahl an Produkte verwendet werden können.[75] So werden Kosten für Fachpersonal und Verwaltung gespart und die Komplexität der Prozesse verringert.

Insgesamt können durch Outsourcing bis zu 30 Prozent der Kosten gesenkt werden.[76] Ein Wert, der kaum durch andere Instrumente erzielt werden kann.

3.3.2 Konzentration auf das Kerngeschäft

Neben möglichen Kosteneinsparungspotentialen wird aus strategischer Sicht eine zunehmende Konzentration auf das Kerngeschäft immer bedeutsamer. Das Kreditinstitut sollte ausschließlich die Prozesse an das Outsourcing-Unternehmen auslagern, welche nicht zu den Kernprozessen gehören. Durch die Auslagerung von untergeordneten Prozessen des Kerngeschäftes, wie es die Kreditbearbeitung ist, werden Ressourcen und Management-Kapazitäten frei, die für die Weiterentwicklung des Kerngeschäftes aufgewendet werden können. Das Institut hat die Möglichkeit, Mitarbeiter und Systeme so einzusetzen, dass möglichst hohe Erträge generiert werden.[77] So können beispielsweise Vertriebsaktivitäten ausgebaut oder Beratungsgespräche intensiviert werden. Ferner können die freien Kapazitäten zur Etablierung von Kernkompetenzen genutzt werden. „Unter Kernkompetenz ist ein Fähigkeitsbündel zu verstehen, das ein Unternehmen in die Lage versetzt, bestimmte Schritte in der Wertschöpfungskette besser durchzuführen als die Konkurrenz."[78] So wird gewährleistet, dass das Institut auch zukünftig dem steigenden Wettbewerbsdruck standhalten kann, sich von den anderen Wettbewerbern unterscheidet und seine Wettbewerbsposition weiter ausbaut. Besonders vorteilhaft wird die Auslagerung von prozessübergreifenden Abläufen der Kreditbearbeitung gesehen, da die Vielzahl an administrativen Prozessen die täglichen Geschäfte beeinflussen.[79]

Durch die Konzentration auf die Kernbereiche kann die Komplexität der Organisationsstruktur in den Instituten verringert werden, welche in den letzten Jahren vor allem durch die Expansionen auf neue Märke und das Wachstum angestiegen ist. Eine Komplexitätsreduzierung steigert auch die Flexibilität des Institutes. Dieses gewonnene Reaktionsvermögen wird benötigt, um sich schnell an die technologische Weiterentwicklung anpassen zu können.[80]

Des Weiteren schützen sich die Banken durch Outsourcing von Kreditprozessen gegen die Folgen einer Kostensteigerung und Antragsspitzen, welche die Geschäftsabwicklung beein-

---

[75] Vgl. Hutzschenreuter, Thomas (2009), S.390.
[76] Vgl. Buchta, Drik/ Eul, Markus/ Schulte-Coonenberg, Helmut (2009), S.187.
[77] Vgl. Wüllenweber, Kim/ Janisch, André/ Monsport, Andreas u.a. (2007), S.31.
[78] Vgl. Hermes, Heinz-Josef/ Schwarz, Gerd (2005), S.21.
[79] Vgl. Wüllenweber, Kim/ Gewald, Heiko/ Franke, Jochen u.a. (2006), S.82f.
[80] Vgl. Matiaske, Wenzel/ Mellewigt, Thomas (2002), S.647.

trächtigen könnten. Dieses Risiko kann mittels entsprechender Vertragsgestaltung auf das Outsourcing-Unternehmen übertragen werden. Dies bewirkt, dass das Outsourcing-Unternehmen nicht nur für die Erbringung der Leistung verantwortlich ist, sondern auch für Terminverzögerungen, Qualitätsmängel oder Kostensteigerungen haftet.[81]

3.3.3 Leistungsoptimierung

Ein weiteres Motiv, welches für die Nutzung von Outsourcing der Kreditprozesse spricht, ist die erzielte Qualitätsverbesserung. Das Outsourcing-Unternehmen verbessert und optimiert stetig seine Prozesse. So ist es möglich, auf Veränderungen frühzeitig zu reagieren, um eine hochwertige Qualität der Leistung zu gewährleisten und wettbewerbsfähig zu bleiben.[82] Besonders eignet sich Outsourcing aber für kleine Institute, für die es aufgrund von individualisierten Kundenanforderungen kaum möglich ist, so umfangreiches fachliches Know-How vorzuhalten.[83] Bei einem Kreditprozess wäre hier beispielhaft die Bonitätsanalyse zu nennen. Gerade kleine Institute sollten diesen Schritt an einen externen Dienstleister abgeben, da das Vorhalten von Bilanzanalysten kostenintensiv und bei einer geringen Firmenkundenanzahl wenig rentabel ist. Es reicht nicht aus, nur einen Bilanzanalysen im Institut zu beschäftigen. Da dieser aufgrund von Krankheit oder Urlaub ausfallen kann, muss eine kritische Menge vorgehalten werden.

Um eine gleichbleibende Qualität der angebotenen Leistung zu gewährleisten, werden Service Levels vertraglich vereinbart. Diese beziehen sich auf die Verfügbarkeit, die Durchlaufzeiten sowie das Qualitätsniveau der Kreditbearbeitung. Ein Verfehlen der vereinbarten Ziele wird zudem eine Vertragsstrafe fällig, was wiederum zur Verbesserung der Qualität und Einhaltung der Durchlaufzeiten seitens des externen Dienstleisters beträgt.[84]

---

[81] Vgl. Hermes, Heinz-Josef/ Schwarz, Gerd (2005), S.21.
[82] Vgl. Matiaske, Wenzel/ Mellewigt, Thomas (2002), S.647.
[83] Vgl. Wüllenweber, Kim/ Gewald, Heiko/ Franke, Jochen u.a. (2006), S.83.
[84] Vgl. Hermes, Heinz-Josef/ Schwarz, Gerd (2005), S.22.

4. Vorgehensmodell einer Outsourcing-Einführung

Bei der Umsetzung von Outsourcing-Projekten handelt es sich um sehr individuelle und auch komplexe Prozesse, die sich aus einer Vielzahl von Teilschritten zusammensetzen und auf die unterschiedliche Einflussfaktoren wirken. Daher kann ein Plan für das Outsourcing nicht verallgemeinert werden. Im folgenden Abschnitt der Arbeit wird eine Vorgehensweise entwickelt, nachdem vor allem Sparkasseninstitute bei der Auslagerung von Kreditprozessen handeln können, um eine Ausgliederung möglichst optimal und reibungslos zu gewährleisten.

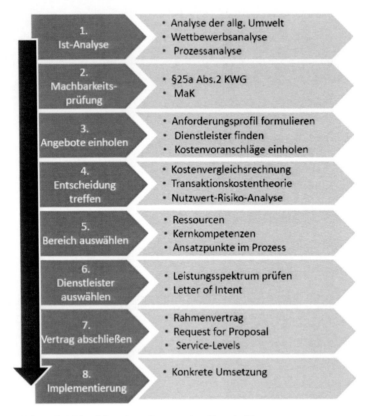

Abbildung 7: Ablaufplan einer Outsourcing-Entscheidung
Quelle: Eigene Darstellung.

Nachdem die Analyse der aktuellen Situation auf dem Bankenmarkt und die Analyse der Prozesse ergeben hat, dass die Banken durchaus Handlungsbedarf haben, muss anschließend geprüft werden, ob Outsourcing grundsätzlich möglich ist.

4.1 Machbarkeitsprüfung

In einer Machbarkeitsprüfung wird geprüft, welche Voraussetzungen von rechtlicher Seite erfüllt sein müssen, um Prozesse überhaupt auslagern zu können. In erster Linie ist das Outsourcing von Kreditprozessen an aufsichtsrechtliche Regelungen geknüpft. Die Voraussetzungen für die Auslagerung von Kreditprozessen im Bankensektor finden ihre Grundlage im §25a Abs.1 KWG. Demnach verpflichten sich die Institute dazu, Steuerung, Überwachung und Kontrolle von Risiken angemessen zu regeln. Seit dem Inkrafttreten der 6. Novelle des Kreditwesengesetzes enthält das KWG mit §25a Abs.2 eine spezielle Regelung für die Auslagerung von Betriebsteilen. „Die Auslagerung von Bereichen auf ein anderes Unternehmen, die für die Durchführung der Bankgeschäfte oder Finanzdienstleistungen wesentlich sind, darf weder die Ordnungsmäßigkeit dieser Geschäfte und Dienstleistungen, noch die Steuerungs- und Kontrollmöglichkeiten der Geschäftsleitung, noch die Prüfungsrechte und Kontrollmöglichkeiten der BaFin beeinträchtigt werden. Das Institut hat sich insbesondere die erforderlichen Weisungsrechte vertraglich zu sichern und die ausgelagerten Bereiche in die internen Kontrollverfahren einzubeziehen."[85] Die Auslagerung darf nicht zu einer Delegation der Verantwortung der Geschäftsleitung an das Auslagerungsunternehmen führen. Die Leitungsaufgaben sind daher nicht auslagerbar.

Mittels Rundschreiben 11/2001 konkretisierte das Bundesaufsichtsamt für Kreditwesen (BAKred) den Begriff der Auslagerung gem. § 25 a II KWG. Demnach liegt eine Auslagerung im Sinne des §25a Abs.2 KWG dann vor, wenn ein Institut ein anderes Unternehmen (Auslagerungsunternehmen) damit beauftragt, auf Dauer oder zumindest auf längere Zeit eine für die Geschäftstätigkeit des Institutes wesentliche Tätigkeit oder Funktion (Dienstleistung) wahrzunehmen.[86] Gemäß §25a Abs.2 ist vor allem der Aspekt der Wesentlichkeit entscheidend. Die Abgrenzung zwischen wesentlichen und unwesentlichen Bereichen ist jedoch gerade im Finanzdienstleitungssektor problematisch. Auch hier gibt das Rundschreiben lediglich als eine abstrakte Definition. Gemäß Tz. 10 des Rundschreibens 11/2001 sind wesentliche Bereiche Tätigkeiten oder Funktionen, die unmittelbar für die Durchführung und Abwicklung der betriebenen Bankgeschäfte und erbrachten Finanzdienstleistungen notwendig sind und gleichzeitig bankenaufsichtlich relevante Risiken für das Institut begründen oder nachhaltig beeinflussen können.

Zudem geben die Ende 2002 in Kraft getretenen Mindestanforderungen an das Kreditgeschäft der Kreditinstitute (MaK) und die qualifizierten Vorgaben aus Basel II Anforderungen an die Auslagerung vor.[87] Die MaK weisen ausdrücklich auf die Einhaltung des §25a Abs.2 KWG und des Rundschreibens 11/2001 hin. Insbesondere ist zu gewährleisten, dass den Anforde-

---

[85] Vgl. §25a Abs. 2 KWG, Satz 1 und 2.
[86] Vgl. BAKred (2001), Tz.8.
[87] Vgl. Ade, Benjamin/ Moormann, Jürgen (2004), S.160.

rungen zur Funktionstrennung und Votierung sowie zur Begrenzung und Überwachung von Risiken nachgekommen wird.[88] Die durch die MaK gewünschte Trennung von Markt und Marktfolge kann durch die Auslagerung der Marktfolge besonders unkompliziert realisiert werden. Nach der erfolgten Neuregelung des Outsourcings im Rahmen des AT 9 MaRisk wird den Banken die Möglichkeit eröffnet, auch umfassende Aktivitäten und Prozesse des Institutes auszulagern.[89] Die Standardisierung der Prozesse unterstützt die umfassende Dokumentation und einheitliche Protokollierung der Kreditprozesse, die im Rahmen von Basel II Vorschrift werden.[90]

4.2 Entscheidung für oder gegen Outsourcing

Mit Hilfe der Machbarkeitsanalyse konnte zunächst geklärt werden, ob Outsourcing nach den rechtlichen Voraussetzungen überhaupt vorstellbar ist. Nach einer positiven Beantwortung der Frage, muss anschließend entschieden werden, ob die Einführung von Outsourcing für die Bank als sinnvoll erscheint. Dazu ist es zunächst notwendig, eine Kostenvergleichsrechnung durchzuführen. Dafür müssen Angebote verschiedener Anbieter eingeholt werden. Bei der Kontaktaufnahme soll das Kreditinstitut ein Bild über die angebotenen Leistungen der externen Dienstleiter gewinnen. Dazu müssen zunächst die erforderlichen Basisdaten, wie Stückzahlen sowie die gewünschten Prozesse zusammengestellt und in Form eines Anforderungsprofils formuliert werden. Daraufhin können verschiedene Dienstleister angesprochen werden und Leistungsprofile sowie Kostenvoranschläge für die benötigten Leistungen abgefragt werden. Mit Hilfe der Kostenkalkulation des externen Dienstleisters kann ermittelt werden, ob die Übertragung des Prozesses an einen externen Dienstleister kostengünstiger ist, als die Erstellung der Eigenleistung. Trifft dies zu, gilt dieses Ergebnis jedoch nur unter dem Vorbehalt einer Prüfung von quantitativen Faktoren. Grundlage dafür ist eine Nutzwert-Risiko-Analyse. Wird als Ergebnis der Kostenvergleichsrechnung jedoch ermittelt, dass die Eigenleistung preiswerter ist, so sollten die quantitativen Argumente trotzdem analysiert werden. Eine Outsourcing-Entscheidung sollte nicht ausschließlich auf Kostenaspekten beruhen, da produktionssteigernde oder optimierende Argumente durchaus Kostenaspekte überwiegen können. Überwiegen in der Nutzwert-Risiko-Analyse auch die Vorteile der Eigenleistungserstellung, so ist von einer weiteren Outsourcing-Überlegung abzusehen und die Einführung als gescheitert zu erklären.

---

[88] Vgl. BaFin (2002), Kapitel 7, Tz.92.
[89] Vgl. BaFin (2009), AT 9.
[90] Vgl. Speek, Jochen (2007), S.323.

4.2.1 Kostenvergleichsrechnung

Die zentrale Frage bei einer Outsourcing-Überlegung liegt klar in der Entscheidung zwischen Eigen- und Fremdleistung. Mit Hilfe der Kostenvergleichsrechnung wird versucht, nur entscheidungsrelevante Kosten der Eigenfertigung gegenüber Fremdbezugskosten abzuwägen, die von der Wahl der Entscheidung tatsächlich betroffen sind. Es reicht nicht aus, die Preise für den Fremdbezug und die Eigenleistung zu vergleichen, sondern vielmehr müssen auch alle Unterschiedskosten berücksichtig werden, die bei einer Alternative hinzukommen oder wegfallen. Dabei wird schlussendlich die Variante gewählt, die die wenigsten Kosten produziert.

Im Mittelpunkt der Kostenvergleichsrechnung steht das Problem der relevanten Kosten, die bei der Eigenfertigung angesetzt werden können. Ausgangspunkt der Rechnung ist eine Untersuchung der Entscheidung nach ihrer Fristigkeit und der Beschäftigungssituation. Die Fristigkeit kann unterteilt werden in kurz- und langfristig, wobei kurzfristige Entscheidungen auf ungewöhnliche Kapazitätsprobleme zurückzuführen sind und somit in diesem Fall keine Fixkosten zugerechnet werden. Nachdem diese Entscheidung getroffen worden ist, wird grundsätzlich zwischen zwei Beschäftigungssituationen unterschieden: der Unterauslastung der eigenen Kapazitäten und der Vollauslastung vorhandener Kapazitäten. Die Ermittlung der relevanten Kosten für die Eigenleistung kann der folgenden Grafik entnommen werden.

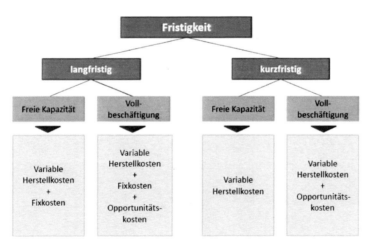

Abbildung 8: Ansatzpunkte der Kostenbestimmung für die Eigenleistung
Quelle: Eigene Darstellung.

In der Situation eines kurzen Planungshorizontes und freien Kapazitäten werden ausschließlich die variablen Kosten angesetzt. Die Fixkosten finden keine Berücksichtigung. Wenn jedoch in dieser Situation eine Vollauslastung herrscht, ist anzunehmen, dass in der Eigenleistung Engpasssituationen auftreten. Daher reicht es nicht aus, die variablen Kosten anzusetzen, sondern die engpassbezogenen Opportunitätskosten müssen auch Berücksichtigung finden.[91] Handelt es sich um eine langfristige Entscheidung müssen neben den variablen Kosten auch die kurzfristigen fixen, aber langfristig variablen Kosten Beachtung finden. Zur Bestimmung muss jedoch der gesamte Fixkostenblock genau analysiert werden, da die allgemeine Vollkostenrechnung in diesem Falle nicht ausreichend ist.[92]

Die Kosten der ermittelten Eigenleistung werden anschließend den Fremdbezugskosten aus den Angeboten der externen Dienstleister (Marktpreis) gegenübergestellt. Die Fremdkosten spiegeln den Verkaufspreis der Leistung durch das Outsourcing-Unternehmen wieder.[93] Grundsätzlich kann der Preis für die Fremdleistung von einem externen Dienstleister durch drei mögliche Preismodelle berechnet werden. Die Bepreisung kann nach Ertrag, nach Stückzahl oder durch Pauschalen erfolgen. Bedeutsam ist hier das Preismodell des Deutschen Sparkassen- und Giroverbandes. Die Möglichkeiten für die Bepreisung von einzelnen Kreditprozessen können der nachfolgenden Darstellung entnommen werden. Dabei muss jedoch beachtet werden, dass die Dienstleister das endgültige Preismodell und die Zählweise mit jedem Institut individuell vereinbart und somit auch Kombinationsmodelle möglich sind.

	Baufinanzierung	Gewerbliche Finanzierung	Öffentliche Mittel	Finanzierung aus einer Hand	Bonitätsanalyse	Problemkreditbearbeitung	Archivierung
Bepreisung nach Ertrag						▲	
Bepreisung nach Stückzahlen	▲	▲	■	■	▲	▲	▲
Bepreisung durch Pauschalen						▲	

▲ Nach Antrag
■ Nach Konto

Abbildung 9: Beispiele für mögliche Preismodelle und Zahlweisen
Quelle: eigene Darstellung

Bei der Kostenvergleichsrechnung ist zu beachten, dass eine genaue Messung der Kosten nur für exakt definierbare und strukturierbare Aufgaben möglich ist. Gerade in der Bankwirtschaft

---

[91] Vgl. Weidner, Stephan (2000), S.99.
[92] Vgl. Scherm, Ewald (1996), S.50.
[93] Vgl. Schäfer-Kunz, Jan/ Tewald, Claudia (1998), S.69.

ist es jedoch schwer, relevante Kosten zu bestimmen. Des Weiteren werden keine qualitativen Faktoren berücksichtigt. Diese nehmen jedoch eine bedeutende Rolle bei der Entscheidungsfindung ein. Kritisch ist auch, dass Transaktionskosten keine Berücksichtigung in diesem Ansatz finden.[94] Diese Schwäche der Kostenvergleichsrechnung kann mithilfe des Transaktionskostenansatzes umgangen werden, da dieser auch die Kosten für die Steuerung, Kontrolle und Abwicklung der Outsourcing-Maßnahme miteinbezieht.

4.2.2 Transaktionskostenansatz

Die neue Institutionenlehre stellt mit dem Transaktionskostenansatz ein theoretisches Konstrukt auf, mit dessen Hilfe unterschiedliche Leistungstiefen in Unternehmen und somit auch Outsourcing-Aktivitäten begründet werden können. Sie sagt, unter welchen Bedingungen die Entscheidung effizient ist.[95] Dieser Ansatz geht auf Coase (1937) zurück, der erstmals die mikroökonomische Frage aufwirft, „warum überhaupt Unternehmen entstehen und nicht alle Transaktionen über den Markt abgewickelt werden."[96] Er stellt fest, dass es bis zu einer gewissen Unternehmensgrenze offenbar kostengünstiger ist, eine vertikale Integration bei der Produktion von Dienstleistungen zu verfolgen, anstatt diese Güter über den Markt zu beschaffen. Die Überlegungen von Coase blieben lange Zeit unbemerkt, bis Oliver E. Williamson in den siebziger Jahren die Gedanken zur heute noch gültigen Transaktionskostentheorie weiterentwickelt hat.[97]

4.2.2.1 Transaktionskostentheorie nach Williamson

Im Fokus der Theorie steht die Transaktion. Transaktionen sind die Grundeinheiten der Analyse der Transaktionskostentheorie. Transaktionen sind also im Prinzip die expliziten und impliziten (Vertrags-)Verhandlungen über Güter und (Dienst-)Leistungen zwischen mindestens zwei Akteuren.[98]

Der Ansatz versucht die Kosten von Transaktionen in unterschiedlichen Vertragsmodellen mittels einer vergleichenden Analyse zu ermitteln, um herausstellen, welche mehr oder weniger effizient abgewickelt werden. Dabei werden unter Transaktionskosten die Kosten verstanden, die im Rahmen einer Leistungsübertragung entstehen können und über eine definierte Schnittstelle hinweg transferiert werden.[99] Von besonderer Bedeutung bei diesem Ansatz ist, dass im Rahmen der Transaktionskosten nicht nur die ex-anten Kosten berücksichtigt werden, die während der Vertragsanbahnung und -verhandlung entstehen, sondern auch ex-poste Kos-

---

[94] Vgl. Schätzer, Silke (1999), S.52f.
[95] Vgl. Picot, Arnord (1991), S.344.
[96] Weidner, Sephan (2000), S.118
[97] Vgl. Bacher, Matthias Richard (2000), S.86f.
[98] Vgl. Beer, Martin (1997), S.52.
[99] Vgl. Döpfer, Benedict C. (2008), S.6.

ten, die nach dem Vertragsabschluss auftreten können.[100] Es besteht in der Literatur jedoch kein einheitlicher Konsens, was exakt zu den Transaktionskosten hinzugezählt wird. Die Strukturierung von Picot erscheint in diesem Falle als die geeignetste. Er unterteilt in „die Kosten der *Anbahnung* (z.B. Recherchen, Reisen, Beratung), *Vereinbarung* (z.B. Verhandlungen, Rechtsabteilung), *Abwicklung* (z.B. Prozesssteuerung), *Kontrolle* (z.B. Qualitäts- und Terminüberwachung) und *Anpassung* (z.B. Zusatzkosten aufgrund nachträglicher qualitativer, preislicher und terminlicher Änderungen)."[101]

Die Transaktionskostentheorie basiert auf den Verhaltensannahmen ihrer Akteure. Die erste Verhaltensannahme beruht auf der begrenzten Rationalität menschlichen Verhaltens. Wirtschaftssubjekte haben zwar den Willen rational zu handeln, ihre Fähigkeit dazu ist jedoch begrenzt.[102] Der Opportunismus ist die zweite Verhaltensannahme, die den Transaktionspartnern unterstellt, dass sie ihre Eigeninteressen zum Nachteil anderer verfolgen, indem sie auch vor der Nutzung von List, in Form von Lügen oder Tücke oder auch Falschaussage und Wortbruch, nicht zurückschrecken. Opportunismus führt zu einer Steigerung der Transaktionskosten, da sich die Partner aufgrund der Verhaltensunsicherheit gegen die Tücken des anderen absichern müssen und Kosten für die Nachverhandlung und Konfliktbewältigung aufgewendet werden müssen.[103] Aus diesem Grund werden in der Praxis bei der Abwicklung von Kreditprozessen zwischen Outsourcing-Unternehmen und Kreditinstitut Service-Level vereinbart, die einen maßgeblichen Kostenfaktor der Auslagerung darstellen.

Neben den Verhaltensannahmen der Vertragspartner beeinflussen die Eigenschaften der Transaktionen die Transaktionskosten. Auf Williamson gehen hierbei drei Dimensionen zurück, die Spezifität, Unsicherheit und Häufigkeit einer Leistung.[104]

Die Spezifität hat den größten Einfluss und spiegelt wieder, „ wie leicht ein Potentialfaktor anderen Verwendungszwecken und Verwendern ohne Wertverlust zugeführt werden kann."[105] Das heißt, das Ausmaß, zu dem die Inputfaktoren speziell auf die Transaktionen zugeschnitten sind und nur unter erheblichen Wertverlust für andere Transaktionen verwendet werden

---

[100] Vgl. Döpfer, Benedict C. (2008), S.7.
[101] Piller, Frank (Hrsg.) (2010), S.188.
[102] Vgl. Schätzer, Silke (1999), S.65.
[103] Vgl. Bacher, Matthias Richard (2000), S.90.
[104] Vgl. Weidner, Stephan (2000), S.126.
[105] Vgl. Schätzer, Silke (1999), S.67.

können.[106] Williamson unterscheidet hier Standort-, Sachkapital- und Humankapitalspezifität.[107]

Das Kriterium der Unsicherheit bezieht sich auf die bei Vertragsabschluss quantitativen, qualitativen und terminlichen Änderungsanforderungen. Bei steigender Unsicherheit wird es zunehmend schwerer die Partner vertraglich vollkommen gegen alle Eventualitäten, die während der Vertragslaufzeit auftreten können, abzusichern. Schon bei einem Versuch, alle Teilaspekte der Umweltunsicherheit vertraglich zu regeln, steigen die Anbahnung- und Vereinbarungskosten deutlich an. Des Weiteren entstehen bei der Überwachung des opportunistischen Verhaltes hohe Kontrollkosten.[108]

Die Häufigkeit bezieht sich auf Transaktionen je Zeiteinheit und unterstützt eher die Wirkung der anderen beiden Einflussfaktoren. Es wird davon ausgegangen, dass Vertragsverhandlungen, die mehrmals durchgeführt worden, kostengünstiger sind. Dafür grundlegend ist die Existenz von Mengenvorteilen, die auf Lerneffekten beruhen. Des Weiteren steigt mit der Häufigkeit auch die Amortisation der Investitionen, zum Beispiel der internen Kontrollorgane. Weiterhin wird ein Vertrauensverhältnis zwischen den Vertragsparteien aufgebaut, durch welches der Zusammenhang mit dem Opportunismus verringert wird.[109]

Obwohl nun feststeht, dass auf Grund von Eigenschaften des Umfeldes beim Outsourcing von Dienstleitungen Transaktionskosten entstehen müssen, kann jedoch noch nicht definiert werden, welche Kosten letztendlich zum Vergleich der Alternativen herangezogen werden sollen.

4.2.2.2 Methodik der Analyse
Williamson stellt heraus, dass sich die transaktionstheoretische Argumentation auf jedes Problem anwenden lasse, wenn dieses ein Vertragsproblem darstellt. Dabei ist zunächst zu ermitteln, ob eine Koordination betriebliche Funktionen über den Markt langfristig transaktionskostengünstiger ist, als die bisherige Koordination. Dazu stellen bei der Analyse vor allem die dargestellten Einflussgrößen einen Hauptbestandteil dar. So lässt sich eine Entscheidungsregel formulieren: *„Für eine bisher hierarchisch abgewickelte Transaktion ist unter den alternativen Koordinationsinstitutionen Hierarchie, Markt und Hybriden-Organisation diejenige auszuwählen, bei der in Abhängigkeit von der transaktionalen Spezifität, Unsicherheit und Häufigkeit sowie rechtlichen und technologischen Rahmenbedingungen die relativ nied-*

---

[106] Vgl. Jensen, Ove (2004), S.21.
[107] Vgl. Schroeder, Fabian (2005), S.67.
[108] Vgl. Bacher, Matthias Richard (2000), S.96.
[109] Vgl. Nagengast, Johann (1997), S.192f.

rigsten Transaktionskosten anfallen."[110] Daraus ergeben sich zunächst zwei Grundstrategieempfehlungen. Zum einen ist eine Leistung nur dann innerhalb einer Unternehmung zu erstellen, wenn ihre Spezifität und die (Verhaltens-)Unsicherheit hoch sind. Hier wäre eine Abwicklung über den Markt mit hohen Transaktionskosten verbunden. Zum anderen ist die Abwicklung einer Transaktion über einen externen Dienstleister vorzuziehen, wenn die Leistung eine geringe Spezifität besitzt, geringe Unsicherheit besteht und die Leistung häufig ausgetauscht wird.[111] Zwischen diesen beiden Extrempunkten existieren jedoch auch Strategieempfehlungen, die aus einem mittleren Spezifizierungsgrad hervorgehen. Hier tendiert die Empfehlung zu Hybrid-Organisationen.

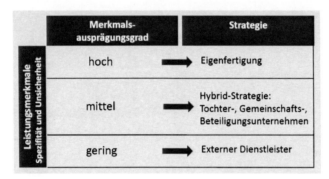

Abbildung 10: Handlungsstrategien bei verschiedener Ausprägung der Leistungsmerkmale
Quelle: Eigene Darstellung.

Die Einflussfaktoren Häufigkeit und Unsicherheit werden hinzugezogen, um genauere Überlegungen zur Vorteilhaftigkeit von Tochter-, Gemeinschafts- oder Beteiligungsunternehmen anzustellen, wobei Tochtergesellschaften den höchsten Integrationsgrad haben. Aus diesem Grund soll dieser Strategieansatz nachstehend genauer erläutert werden.

Das Kreditinstitut hält hier 100 Prozent des Eigenkapitals des Tochterunternehmens, welches die Leistung erstellen soll. Dadurch hat das Institut vor allem in den Gremien einen weitreichenden Einfluss und kann so auch hohe Umweltunsicherheiten in Form von allgemeinen Vorkehrungen im Vertrag berücksichtigen, ohne dass hohe ex-ante Transformationskosten entstehen. Auch kann die Qualität der fremd bezogenen Leistung aufgrund der symmetrischen Informationsverteilung überprüft werden. Spielräume für opportunistisches Verhalten gibt es kaum, daher fallen auch die Kontrollkosten eher gering aus. Anpassungskosten im Falle einer Umweltänderung können jedoch nicht ausgeschlossen werden. Durch den bedeutenden Einfluss fallen diese jedoch auch geringer aus, als bei Koordinationsformen mit geringer Integra-

---
[110] Vgl. Bacher, Matthias Richard (2000), S.101.
[111] Vgl. Picot, Arnold (1991), S.339.

tion. Ferner ist es vorteilhaft, wenn gleiche oder ähnliche Transaktionen sehr häufig zwischen Kreditinstitut und Tochterunternehmen getätigt werden, denn in diesem Falle sinken die durchschnittlichen Transaktionskosten je Transaktion.[112]

4.2.2.3 Kritik

Der Ansatz vermittelt einen Entwurf eines ökonomischen Modells und gibt einen grundlegenden Eindruck darüber, dass jeder Austausch von Leistungen Kosten verursacht, die durch eine entsprechende Wahl der Einbindungsform minimiert werden muss. Es können Strategieempfehlungen abgleitet werden, welche die prinzipielle Eignung des Ansatzes als theoretische Begründung zulassen. Die These der Transaktionskostentheorie wird durch empirische Untersuchungen weitergehend gestützt. Mittels dieser Theorie können die Effizienz von Anreizsysteme und Koordinationsmechanismen sowie deren Anpassungsfähigkeit untersucht werden. Daher trägt der Ansatz in jedem Fall zur Perspektivenerweiterung der Organisationsforschung bei. Weiterhin wird durch die Theorie ein Argumentationsset geliefert, warum es vorteilhaft ist, bestimmte Transaktionen abzuwickeln.[113] Bei näherer Untersuchung wird jedoch deutlich, dass die Potentiale einer intensiven Zusammenarbeit der Akteure nicht betrachtet werden.[114] Des Weiteren ist die Charakteristik des menschlichen Verhaltens als opportunistisch zu negativ und in der Realität nicht ausnahmslos zutreffend. Auch kann der Ansatz nicht auf die Analyse dynamischer Entwicklungsprozesse angewendet werden.[115] Folglich kann geschlussfolgert werden, dass die Transaktionskostentheorie durchaus Erweiterungs- und Verfeinerungspotential aufweist. Durch diesen Ansatz wird das Institut auf relevante Aspekte aufmerksam gemacht, die vor allem bei der Gestaltung der Wertschöpfungstiefe eine Rolle spielen können. Allein durch die Nutzung dieser Theorie können jedoch keine umfassenden Feststellungen zur Handlungsalternativen getroffen werden.

4.3 Durchführung einer Nutzwert-Risiko-Analyse

Im nachfolgenden Schritt müssen nun quantitative Faktoren mit einbezogen werden, um eine Handlungsempfehlung ableiten zu können. Um die wichtigsten quantitativen und qualitativen Ziele gleichzeitig vergleichen zu können, bietet sich eine Nutzwert-Risiko-Analyse an. Mithilfe dieser Analyse kann eine Vielzahl von Auswahlkriterien beurteilt werden. Der Nutzwert ist hierbei „der subjektiv beeinflusste Wert einer Handlungsalternative zur Befriedigung eines defizitären Bedarfes."[116] Eine differenziertere Berücksichtigung der Faktoren kann durch un-

---

[112] Vgl. Bacher, Matthias Richard (2000), S.103f.
[113] Vgl. Beer, Martin (1997), S.64.
[114] Vgl. Döpfer, Benedict C. (2008), S.7.
[115] Vgl. Sydow, Jörg (1992), S.295.
[116] Heinrich, Lutz J./ Lehner, Franz (2005), S.379.

ternehmensindividuelle Gewichtung der Kriterien erreicht werden. Dies erweist sich jedoch als schwierig, da viele Einflussgrößen gar nicht einbezogen werden und die Bewertung durch Subjektivität geprägt ist.

Im ersten Schritt der Analyse müssen zunächst Alternativen zum Outsourcing gefunden werden. In der Kostenvergleichsrechnung hat als Alternative bereits die Eigenleistung Berücksichtigung gefunden und wird daher weiter beibehalten.

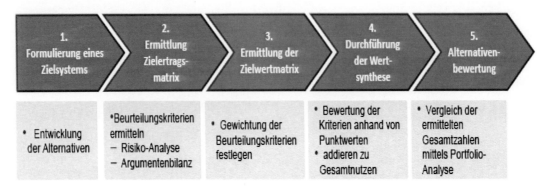

Abbildung 11: Vorgehensweise bei der Nutzwert-Risiko-Analyse
Quelle: Eigene Darstellung.

Anschließend müssen die Beurteilungskriterien festgelegt werden. Die richtige Auswahl der relevanten Beurteilungskriterien ist durchaus problematisch. Die Merkmale sollten in jedem Fall die erfolgsbeeinflussenden Größen der Leistungserstellung beinhalten. Dabei empfiehlt es sich, sich genauer mit den Vor- und Nachteilen der Auslagerung auseinanderzusetzen. Um die Nachteile zu bestimmen, ist eine Risiko-Analyse hilfreich.

4.3.1 Risiko-Analyse

Outsourcen von Kreditprozessen ist auch mit einigen Risiken für die Kreditinstitute verbunden. Manche Risiken sind dabei vermeidbar, andere hingegen können zu einem gewissen Grade nicht umgangen werden.

Abbildung 12: Risiken bei der Auslagerung von Prozessen
Quelle: eigene Darstellung.

Das wohl entschiedenste Risiko basiert auf der Abhängigkeit zu einem externen Dienstleister. Zum einen begibt sich das Kreditinstitut in eine Abhängigkeit zum Outsourcing-Unternehmen, da der Vertrag mittelfristig betrachtet nicht ohne weiteres gekündigt werden kann. Entscheidet für die Auslagerung der Kreditprozesse ist also, dass die Kreditinstitute die Konsequenzen über mehrere Jahre tragen müssen.[117] Das Auslagern von Prozessen bringt häufig auch die Übertragung von unternehmensspezifischen Sachgütern, Geschäftsprozessen und Personal mit sich. Dieser Aspekt macht es dem Banken schwer, die ausgelagerten Aufgaben kurzfristig wieder selbst zu bearbeiten.[118] Da es sich bei Kreditprozessen um sehr komplexe Aufgabenbereiche handelt, verstärkt dies die Abhängigkeit zum Outsourcing-Unternehmen, da eine Rückabwicklung äußerst kompliziert ist und weitere Kosten verursacht. Aus dieser Abhängigkeit kann sich eine Vielzahl von weiteren Risiken ergeben, wie zum Beispiel eine Insolvenz oder Übernahme des externen Dienstleisters oder auch des Kreditinstitutes sowie eine strategische Neuausrichtung.[119] In diesen Fällen besteht das Risiko, dass Daten bewusst weitergegeben werden, Sicherheitslücken entstehen und diese an den Wettbewerb gelangen. Möglich ist hierbei auch, dass der externe Dienstleister das übertragene Wissen zu eigenen Zwecken verwendet. Aus der Übernahme von komplexen Leistungen durch das Out-

---

[117] Vgl. Gabath, Christoph Walter (2008), S.69.
[118] Vgl. Hermes, Heinz-Josef/ Schwarz, Gerd (2005), S.22.
[119] Vgl. Bruch, Heike (1998), S.35.

sourcing-Unternehmen, begibt dieses sich in eine starke Position bei Verhandlungen und erlangt so eine hohe Preisdurchsetzungsmacht. Wenn noch hinzu kommt, dass Personal an das Outsourcing-Unternehmen abgegeben oder entlassen wird, verstärkt dies die Abhängigkeit noch weiter, denn in beiden Fällen kommt es zu Verlust von Know-How.[120]

Ein weiteres Risiko kann sich aus dem Versuch der Kostensenkung ergeben. Dabei kann es durchaus zu Kostensteigerungen kommen, wenn zum Beispiel die Umsetzung nur unzureichend erfolgt. Häufig werden hier die Transaktionskosten unterschätzt.[121] Wenn es vertraglich nicht anders geregelt ist, hat der externe Dienstleister die Möglichkeit im Verlaufe der Jahre die Gebühren für die erbrachten Leistungen zu erhöhen. Des Weiteren kommt hinzu, dass bei Sonderleistungen oft hohe Aufschläge gezahlt werden müssen, wenn diese im Vertrag nicht vereinbart sind.[122] Ferner ist die Erfassung und Verrechnung der intern erstellten Leistungen vor allem bei Kreditprozessen problematisch. Dies führt zu einer Überschätzung der Herstellkosten und vorschnellen Entscheidungen, da es das Outsourcing-Unternehmen im direkten Vergleich günstiger erscheinen lässt, auch wenn das nicht der Fall ist. Die Kosten können auch steigen, wenn das Kreditinstitut das Anlagevermögen nicht veräußert und die nicht mehr benötigten Mitarbeiter nicht entlässt oder nicht sinnvoll anderweitig einsetzen kann.[123] Insbesondere stellen gesetzlicher Kündigungsschutz und Arbeitnehmerschutzrecht im weiteren Sinne (Betriebsvereinbarungen, Tarifverträge, Beteiligung des Betriebsrates) hierbei ein erhebliches Hemmnis dar.

Hinzu können Probleme bei der Leistungserstellung und -qualität kommen. Nach einer Auslagerung der Kreditprozesse hat das Institut kaum noch Einfluss auf die Leistungserstellung. Der externe Dienstleister entscheidet darüber, wie die Leistung erbracht wird. Da er ein hohes Leistungsvolumen anstrebt, kann dies nur mittels einer hohen Standardisierung erfolgen. Daher können die Leistungen oft nicht individuell für jedes Institut angeboten sowie alle spezifischen Anforderungen erfüllt werden.[124] Die Qualität der Leistungserstellung hängt hierbei mit der vertraglichen Gestaltung eng zusammen. Vor der Auslagerung können präzise Service-Levels vereinbart werden, die es dem Kreditinstitut ermöglichen, die Einhaltung der Qualität und Durchlaufzeiten zu prüfen. Arbeitet das Outsourcing-Unternehmen nicht mit der nötigen Sorgfalt, so können Fehler, Versäumnisse oder Qualitätseinbuße entstehen, die sich negativ

---

[120] Vgl. Gabath, Christoph Walter (2008), S.69.
[121] Vgl. Hermes, Heinz-Josef/ Schwarz, Gerd (2005), S.24.
[122] Vgl. Lux, Wolfgang/ Schön, Peter (1997), S.11.
[123] Vgl. Matiaske, Wenzel/ Mellewigt, Thomas (2002), S.651.
[124] Vgl. Gabath, Christoph Walter (2008), S.69.

auf das Image des Kreditinstitutes auswirken können und zu Vertragsstrafen und Gewährleistungsansprüchen (Nacherfüllung, Schadenersatz) gegen den externen Dienstleister führen.[125]

Defizite in der Qualität können auf mangelnde Kommunikation zwischen den Partnern zurückgeführt werden. Dabei steigt mit zunehmender geographischer und kultureller Entfernung die Gefahr kommunikativer Missverständnisse.[126]

Problematisch in diesem Zusammenhang erweist sich auch das Phänomen der Outsourcing-Spirale. Zurückzuführen ist diese auf das Verhalten im Management, wenn erkannt wird, dass ein Geschäftsbereich nicht profitabel arbeitet. Als Lösung sehen Führungskräfte nur die Auslagerung der einzelnen Prozesse an externe und kostengünstige Dienstleister. Daraufhin hofft das Management, dass sich Erfolge in der Kosteneffizienz einstellen und gibt weitere Prozesse ab, sodass zu beobachten ist, dass der Fremdbezug der Eigenleistung vorgezogen wird. Eine dadurch animierte Intensivierung dieses Konzepts bis hin zum undifferenzierten Outsourcing, was mit einer weitreichenden Kompetenzabwanderung einhergehen kann, kann zukünftige Entwicklungsmöglichkeiten und damit die zukünftige Wettbewerbsfähigkeit des Unternehmens beeinträchtigen.[127]

Nachteile können nicht nur in monetären und leistungsabhängigen Faktoren liegen, sondern auch in sozialen und psychologischen Aspekten. Gerade wenn das Management die Verantwortung für das Institut eine lange Zeit getragen hat oder aber es sich um ein Familienunternehmen handelt, dann bedeutet die Auslagerung vor allem Machtverlust.[128] Doch auch in Bezug auf die Mitarbeiter kann sich Outsourcing negativ auswirken. Oft treten Demotivations- und Verunsicherungseffekte auf. Die Belegschaft wird bei der Auslagerung häufig erst zu einer vorgeschrittenen Phase im Prozess eingeweiht. Dies führt vor allem zu Misstrauen, Unruhen und zu Ängsten. Diese Ängste erstrecken sich vor allem auf die Unsicherheit, den Arbeitsplatz zu verlieren oder aber in unliebsame Abteilungen versetzt zu werden.[129]

Um die Vorteile und Risiken einer Outsourcing-Entscheidung darzustellen ist es sinnvoll, eine Argumentenbilanz zu nutzen.

4.3.2 Argumentenbilanz
Ziel der Argumentenbilanz soll es daher sein, die wesentlich potentiell relevanten Aspekte des Outsourcings schematisch gegenüberzustellen. Die Argumentenbilanz gibt keine Gewähr auf

---

[125] Vgl. Bruch, Heike (1998), S. 36.
[126] Vgl. Hermes, Heinz-Josef/ Schwarz, Gerd (2005), S.24.
[127] Vgl. Theurl, Theresia (2003), S. 28f.
[128] Vgl. Matiaske, Wenzel/ Mellewigt, Thomas (2002), S.653.
[129] Vgl. Bruch, Heike (1998), S.37.

Vollständigkeit, denn sie soll ausschließlich dem Überblick in Form einer Bilanzaufstellung und der Auseinandersetzung mit möglichen Beurteilungskriterien dienen. Dabei werden die Vorteile/ Chancen und Nachteile/ Risiken nach Knolmayer auf den Ebenen Strategie, Leistung, Kosten, Personal und Finanzen betrachtet.[130]

Vorteile	Nachteile
Strategie • Konzentration auf das Kernkompetenzen und strategisch wichtige Aufgaben • Flexibilität • Standardisierung und Vereinfachung • Risikotransfer • Komplexitätsreduzierung	• unterschiedliche Unternehmenskulturen • komplizierte Rückabwicklung • Störung zusammengehörender Prozesse • Verlust von Unternehmens Know-How • Entstehung von Abhängigkeiten • Möglicher Verlust der Kernkompetenz • Verringerte Entscheidungsfreiheit • lange Vertragslaufzeiten • Outsourcing-Spirale
Leistung • Hohe, vielfältige Kompetenz des Dienstleisters • Zugang zu intern fehlendem Know-How • Realisierung innovativer Lösungen • Klar definierte Verantwortlichkeiten • Schnelle Verfügbarkeit von Kapazitäten • Partizipation am technischen Fortschritt • Qualitätsverbesserung	• Mangelnde Akzeptanz in den Fachbereichen • Überwindung räumlicher Distanzen • Unrealistische Aussagen des Anbieters • Beeinträchtigung des Datenschutzes • Qualitätsrisiken • kaum individuelle Lösung (Standardisierung)
Kosten • Kostenreduzierung • Reduzierung der Kapitalbindung • Economics of Scales • Variable statt fixe Kosten • Gute Transparenz und Planbarkeit	• Kostensteigerung • Transaktionskosten • Telekommunikationskosten • Koordinationskosten • Bezugsgrößenbestimmung für Entgelt • Erhöhte Kosten durch Nachbesserung
Personal • Mittelfristige Reduzierung der Personalprobleme • Gleichmäßige Personalauslastung • Entlastung des Managements • Geringere Personalbindung	• arbeitsrechtliche Probleme • Personalwiederstände • Mitarbeitermotivationsprobleme • Schaffung zusätzlicher Schnittstellen • mangelnde Kommunikation
Finanzen • Steuerliche Auswirkungen • Investitionskosten reduziert	• Abfindung ausscheidender Mitarbeiter • Langfristig schlecht vorhersehbare Entgeltgestaltung (Kostenexplosion)

Abbildung 13: Argumentenbilanz für Outsourcing-Entscheidungen
Quelle: Eigene Darstellung in Anlehnung an: Houssem, Jemili (2011), S.75.

---

[130] Vgl. Knolmayer, Gerhard (1993), S.11.

Nachdem die zu analysierenden Faktoren sorgfältig ausgewählt wurden, müssen sie nach ihrer Bedeutung gewichtet werden. Daraufhin wird jedem Kriterium ein Punktwert von eins bis zehn zugeordnet, eins stellt dabei einen geringen und zehn einen überaus hohen Erfüllungsgrad dar. Möglich ist es auch, eine kurze Erläuterung zu jeder Punktvergabe zu geben, um so die vergebenen Punkte zu rechtfertigen. Anschließend wird der Erfüllungsgrad multipliziert mit der Gewichtung und ergibt für jedes Kriterium einen Nutzwert. Addiert man alle Nutzwerte einer Alternative, dann erhält man einen Gesamtnutzwert. Ein entsprechendes Formblatt zur Ermittlung befindet sich im Anhang dieser Arbeit.

Nachdem alle relevanten Risiken durch die Bank genau mit den Vorteilen abgewogen worden sind und sich die Bank durchaus die Risiken bewusst gemacht hat, folgt die Auswertung und Bestimmung der Handlungsalternativen. Es bietet sich an, das erlangte Ergebnis in einer neun-Felder-Matrix darzustellen, um so Handlungsempfehlungen anschaulich zu gestalten. Dabei muss der Teilnutzwert der Rubriken Wirtschaftlichkeit an der y-Achse und der der quantitativen Faktoren an der x-Achse abgetragen werden. Das Risiko wird durch Größe der Kreise dargestellt. Je größer der genutzte Kreis, desto höher auch das Risiko.

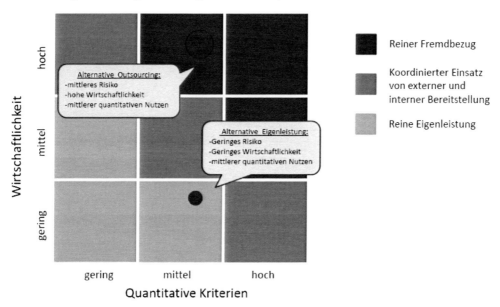

Abbildung 14: Ergebnisdarstellung der Nutzwert-Risiko-Analyse
Quelle: Eigene Darstellung, in Anlehnung an: Neun-Felder-Portfoliomatrix nach McKinsey.

Die Methode zeichnet sich durch die hohe Transparenz des Entscheidungsprozesses aus. Jeder Schritt ist nachvollziehbar und dieses Verfahren ist leicht anwendbar. Der Nachteil der Methode ist klar durch die Subjektivität bei der Festlegung der Punktverteilung durch den Entscheidungsträger gegeben. Dieser Aspekt wird jedoch minimiert, indem das Verfahren von mehreren Personen durchgeführt und aus den einzelnen Ergebnissen ein Mittelwert bestimmt wird.

Nachdem das Institut alle Aspekte abgewogen und analysiert hat, wird eine Entscheidung getroffen. Fällt diese positiv aus und die Bank entscheidet sich für eine Auslagerung, so erfolgt als nächster Schritt die Analyse der Ressourcen und Kernkompetenzen, um die Bereiche herauszufinden, bei denen eine Auslagerung sinnvoll ist.

4.4 Analyse der Ressourcen und Kernkompetenzen

Die Analyse der Ressourcen und Kernkompetenzen ist notwendig, um herauszustellen, welche die Bereiche oder Aktivitäten sind, die an einen externen Dienstleister übertragen werden können. Denn es gibt durchaus Aktivitäten der Wertkette, bei denen eine Auslagerung sich nachteilig auf die Situation der Bank auswirken kann. Daher wird im folgenden Abschnitt zunächst der ressourcenbasierte Ansatz erläutert, um anschließend die Kernkompetenzen der Banken herauszustellen. Nur wenn das auslagernde Institut sich über seine Wettbewerbsvorteile bewusst wird, haben Outsourcing-Maßnahmen auch Erfolg.

4.4.1 Der ressourcenbasierte Ansatz

Einer der wesentlichen Ansätze für eine Sourcing-Entscheidung geht auf Edith Penrose (1959) zurück und wurde von einer Vielzahl von Autoren weiterentwickelt. Penrose sieht das Unternehmen als ein Bündel von Ressourcen an, unter denen alles zusammengefasst wird, was die Stärken oder Schwächen eines Unternehmens ausmacht.[131] Der dauerhafte Erfolg einer Unternehmung zeichnet sich über die Besonderheit der unternehmensinternen Ressourcen aus. „Nach Wernerfeld kann man aus den Produkten einer Firma das Minimum an notwendigen Ressourcen und aus den Ressourcen die optimalen Absatzmarktaktivitäten erkennen."[132] Die Wettbewerbsvorteile gehen laut Penrose nicht von der Branchenstruktur aus, sondern vielmehr aus der Nutzung und Übertragung bestehender interner Ressourcen auf neue Geschäftsfelder in der Umgebung.[133] Der Ansatz thematisiert, dass die Faktormärkte aufgrund von Transaktionskosten unvollkommen sind und die Unternehmen über eine heterogene Ressourcenausstattung verfügen.[134] Des Weiteren wird davon ausgegangen, dass nur ganz bestimmte unternehmungsinterne Ressourcen, nämlich sogenannte strategische Ressourcen, Unternehmungen in die Lage versetzen, anhaltende Wettbewerbsvorteile zu erzielen.[135] Derartige strategische Ressourcen müssen ganz besonderen Anforderungen entsprechen. Sie müs-

---

[131] Vgl. Füser, Karsten (2007), S.459.
[132] Füser, Karsten (2007), S.459.
[133] Vgl. Krause, Eric (2008), S.88.
[134] Vgl. Börner, Christoph J. (2000), S.689.
[135] Vgl. Schroeder, Fabian (2005), S.73.

sen bekanntermaßen wertvoll sein, also die Unternehmungseffizienz und/oder -effektivität erhöhen, knapp sein, da ansonsten kein Konkurrenzvorteil auf der Grundlage dieser Ressourcen möglich ist, und zudem nicht substituierbar sein, d.h. es dürfen keine Ressourcen existieren, die eine vergleichbare Performance erbringen könnten. Überdies dürfen derartige Ressourcen nicht imitierbar sein.[136]

Auch wenn ein Unternehmen über die seltensten, nicht-imitierbaren oder substituierbaren Ressourcen verfügt, so ist dies noch kein Garant für einen Wettbewerbsvorteil. Ein bedeutendes Kriterium einer Ressource ist die mit ihr verbundene Fähigkeit, Kundenbedürfnisse in einer herausragenden Weise zu befriedigen. Gerade für die Beantwortung von Outsourcing-Fragen ist es zielführend zu klären, welche Ressourcen bei der Schaffung von Werten für den Kunden die erfolgsgenerierenden Fähigkeiten sind. Wenn diese spezifischen Fähigkeiten grundlegende strategische Bedeutung erlangen, so stellen die strategischen Ressourcen sogenannte Kernkompetenzen dar.[137] Laut Prahalad und Hamel müssen zur Identifizierung einer Kernkompetenz die nachstehenden drei Bedingungen erfüllt sein. Es muss die Möglichkeit bestehen, die Kernkompetenz auf vielen Märkten einzusetzen, sie müssen einen signifikanten Beitrag zum Kundennutzen beibringen und sie müssen nur schwer imitierbar sein.[138]

Grundsätzlich können aus einer Kernkompetenzüberlegung bestimmte strategische Handlungsempfehlungen abgeleitet werden, die für die Entscheidung einer Outsourcing-Maßnahme von Bedeutung sind. Dabei ist es wichtig zwei Ansatzpunkte zu beachten, die relative Kompetenzstärke und den Kundenwert.

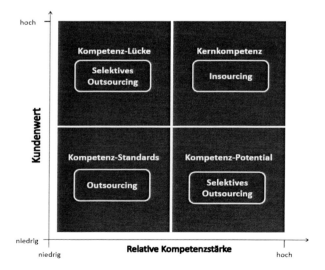

Abbildung 15: Handlungsempfehlungen gemäß ressourcen-basiertem Ansatz
Quelle: eigene Darstellung, in Anlehnung an: Hinterhuber, Hans H./ Stuhec, Ulrich (1997), S.11.

---
[136] Vgl. Barney, Jay (1991), S.105ff.
[137] Vgl. Prahalad, Coimbatore K./ Hamel, Gary (1990), S.84.
[138] Vgl. Krüger, Wilfried/ Homp, Christian (1998), S.529f.

Prinzipiell kann herausgestellt werden, dass Banken immer dann die Eigenerstellung präferieren sollen, wenn sie über Ressourcen verfügen, die einen Wettbewerbsvorteil ermöglichen.[139] Diese Bereiche sollten in keinem Fall ausgelagert, sondern eher unternehmensintern optimiert werden.

Mit Kompetenz-Standards, wie zum Beispiel Leistungen, die den normalen Geschäftsbetrieb am Laufen halten, kann das Unternehmen keine Wettbewerbsvorteile aufbauen, da hier die Konkurrenz stark ist. Diese Aktivitäten können an ein Outsourcing-Unternehmen abgegeben werden. Handelt es sich um Kompetenz-Lücken, zwischen dem, was das Unternehmen kann und dem, was der Markt fordert, empfiehlt sich ein selektives Outsourcing. Auch wenn das Institut Kompetenz-Potentiale aufweist, sollte durch selektives Outsourcing gehandelt werden. Die Bank nimmt zwar gegenüber dem Wettbewerb eine führende Position ein, doch der Kundennutzen ist relativ gering. Durch selektives Outsourcing kann das Institut versuchen die vorhandenen Stärken mit den Chancen der Marktentwicklung zu verbinden.

Um diese Handlungsempfehlungen treffen zu können, ist es wichtig, die Aktivitäten und Prozesse vollumfänglich zu analysieren und gegebenenfalls Kernkompetenzen zu identifizieren. Aufgrund der Charakterisierung von Kernkompetenzen ist eine Identifikation und Bewertung schwierig. Um dieses Problem zu lösen und doch Kernkompetenzen der Sparkassen herauszuarbeiten, sollen im Folgenden die potentiellen Kompetenzfelder diskutiert werden. Dabei soll ausschließlich auf Bereiche eingegangen werden, die sparkassenspezifische Kernkompetenzen beinhalten können.

Eine Kernkompetenz könnte zum Beispiel die Kundennähe sein. Bei Sparkassen handelt es sich um Institute, welche durch ein breit ausgebautes Filialnetz präsent bei den Kunden sind. Diese Präsenz „vor Ort" baut ein Vertrauensverhältnis zwischen den Kunden und den Mitarbeitern auf, wodurch wiederum Informationsvorteile gewonnen und aufgebaut werden können. Des Weiteren können die Sparkassen durch ihr Regionalprinzip die spezifischen Branchen- und Markteigenschaften der Region nutzen. Die Mitarbeiter sind oft persönlich in die Region integriert, dies baut Kundenzufriedenheit auf, was wiederum den Vertrieb von Cross-Selling Produkten verbessert. Diese enge Kundenbindung gelingt den Großbanken aufgrund ihrer Überregionalität häufig nicht. Durch die langjährigen Kundenbeziehungen steigt das Vertrauen in die Sparkasseninstitute, was sich vor allem in der Finanzkrise gezeigt hat. Während andere Institute mit Mittelabflüssen zu kämpfen hatten, konnte die Sparkassen Zuflüsse

---

[139] Vgl. Hutzschenreuter, Thomas (2009), S.210.

generieren.[140] Daher ist der menschliche Faktor ein wichtiges Kapital für die Sparkassen. Die Sparkassen schaffen hier jedoch keinen abgrenzenden Wettbewerbsvorteil, da Volksbanken auch über ein sehr weitläufiges Filialnetz verfügen und nach dem Regionalprinzip arbeiten.

Durch die Kooperation mit dem Sparkassenverbund können die regionalen Sparkassen ein breites Leistungsspektrum anbieten. Durch dieses Netzwerk besteht nicht nur die Möglichkeit Kunden mit standardisierten Finanzdienstleistungsprodukten zu versorgen, sondern auch individuelle Lösungen anzubieten. So können Kunden auch bei Auslandsgeschäften begleitet oder der Zugang zum Geld- und Kapitalmarkt geöffnet werden. Ein solch breites Leistungsangebot wird jedoch genauso von Groß- und Volksbanken angeboten. Daher ergibt sich durch die Verbundkooperation keine Kernkompetenz.

Zusammenfassend ist festzustellen, dass sich zwar spezifische Kompetenzfelder ermitteln lassen, aber es sich nicht eindeutig um Kernkompetenzen handelt. In Abgrenzung zu den Großbanken stellt die Kundennähe und das Vertrauensverhältnis durchaus eine Kernkompetenz dar, doch zieht man die genossenschaftlichen Banken hinzu, treffen auch hier die Charakteristika für Kernkompetenzen nicht zu. Bei einer Verknüpfung der dargestellten Kompetenzfelder, könnte als Kernkompetenz das regionalorientierte Beziehungsmanagement herausgestellt werden.

Grundsätzlich kann festgestellt werden, dass die Banken ihre Kernkompetenzen individuell festlegen und dabei wenig auf die Charakteristika achten. Laut einer Studie der Universität Frankfurt sehen 89,1 Prozent der befragten Banken ihre Kernkompetenzen in der Spezialisierung des Vertriebes.[141] Jedes Institut versucht, durch eine potentialorientierte Kundensegmentierung, die wesentlichen Bedürfnisse des Kunden zu ermitteln und unterschiedliche bankspezifische Produktmixe anzubieten.

Kernkompetenzen müssen regelmäßig gepflegt und fortwährend weiterentwickelt werden. Dabei ist es wichtig, dass das dort geschieht, wo signifikante Wettbewerbsvorteile gegenüber der Konkurrenz bestehen und die verbleibenden Tätigkeiten an Outsourcing-Unternehmen abgegeben werden, die auf diesem Bereich über eine bessere Positionierung verfügen.[142]

Sowohl der ressourcenbasierte als auch der Kernkompetenzansatz lassen Raum für Kritikpunkte. Die Ansätze treffen keine genauen Aussagen zu Prämissen und sind zudem mangelnd

---

[140] Vgl. Seibel, Karsten (2008), 1.Abschnitt (siehe Internet-/Intranetverzeichnis).
[141] Vgl. Franke, Jochen/ Schwarze, Felix (2005), S.13.
[142] Vgl. Füser, Karsten (2007), S.463.

analytisch fundiert. Es fehlt an einem Bezugsschema, welches die Annahmen und daraus resultierende Aussagen miteinander vereint.

4.4.2 Ermittlung der Ansatzpunkte für das Outsourcing im Kreditprozess

Nachdem das Institut seine Prozesse umfassend auf Ressourcen und Kernkompetenten analysiert hat, gilt es anschließend Ansatzpunkte für eine Auslagerung zu erschließen. Zunächst beschränkte sich die Auslagerung auf den Zahlungsverkehr, dann sind Verwaltungstätigkeiten und IT-Dienstleistungen hinzu gekommen. Seit kurzer Zeit rückt auch der Bereich der Kreditbearbeitung immer weiter in den Fokus von Auslagerungsaktivitäten.[143] Im Kreditbereich besteht das größte Potential für eine Auslagerung, da bislang kaum Aktivitäten ausgelagert wurden. Der Grund hierfür findet sich in der Auffassung der Institute, denn 46 Prozent der Banken in Deutschland, Österreich und der Schweiz sehen die Abwicklung von Krediten als Kernkompetenz und verweigerten deshalb die Auslagerung.[144] Diese Einschätzung verändert sich jedoch seit den letzten Jahren, denn die meisten Institute sehen nicht mehr den gesamten Kreditprozess, sondern ausschließlich den Kreditvertrieb und die Kundennähe als Kernkompetenz an. Aus diesem Grund bemühen sich seit den letzten Jahren vor allem Sparkassen, Kredittätigkeiten, die nicht dem originären Sparkassengeschäft zurechenbar sind, auszulagern. Daher ist es wichtig, den Kreditprozess einer Sparkasse genauer zu analysieren und Ansatzmöglichkeiten für das Outsourcing zu generieren. Der zu analysierende Prozess ist dabei der Anschaulichkeit halber auf die wesentlichen Prozessschritte reduziert und bezieht sich auf die gewerbliche Finanzierung ab 250.000 Euro, da dieser umfangreichere Prozessschritte, als beispielsweise die Konsumentenfinanzierung oder bei geringeren Volumina, aufweist und daher eine Auslagerung hohes Potential bietet.

---

[143] Vgl. Totzek, Alfred (2007), S.267f.
[144] Vgl. Falkenberg, Felix/ Müller, Reto/ Bönsch, Johannes (2006) ,S.13.

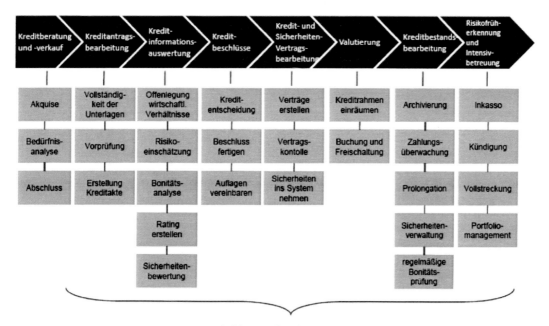

Abbildung 16: Darstellung eines allgemeinen Kreditprozesses
Quelle: eigene Darstellung (2010)

Am Beginn des Prozesses stehen zunächst die Kreditberatung und -verkauf. Dazu gehören die Kundenakquise, eine Bedürfnisanalyse sowie der Produktabschluss. Im Zuge des Kundengespräches prüft der Vertriebsmitarbeiter die Legitimation des Kunden, erstellt eine persönliche Modellrechnung und wählt die entsprechend nötigen Sicherheiten für das Engagement aus. Wie sich aus den vorangegangen Erläuterungen bereits gezeigt hat, handelt es sich beim klassischen Vertrieb um eine Kernkompetenz. Daher ist deutlich, dass diese Aktivität bei Outsourcing-Entscheidung nicht in Betracht kommt. Doch auch in diesem Bereich gibt es bereits Tendenzen zum Outsourcing. Die Deutsche Bank hat sich zum Beispiel dazu entschlossen, Kredite zusammen mit der Rossmann GmbH in deren Filialen zu vertreiben.[145]

Nachdem sich der Vertriebsmitarbeiter entschieden hat, mit dem Kunden ein Geschäft abzuschließen, gibt dieser den Antrag zum Vorhaben des Kunden an die Kreditbearbeitung weiter. Ab diesem Schritt besteht die Möglichkeit einen externen Dienstleister, einzubinden. Dies ist der Fall, da es sich bei den nachfolgenden Aktivitäten, nach Angabe der Sparkassen, nicht um Kernkompetenzen handelt. Dabei ist es auch möglich, nur Einzelschritte an den Dienstleister abzugeben und die verbleibenden Aktivitäten im eigenen Hause zu lassen. In der Abteilung der Kreditbearbeitung wird zunächst die Vollständigkeit der Unterlagen geprüft, eine Vorprü-

---

[145] Vgl. Sydow, Sonja (2007), 1. Abschnitt (siehe Internet-/ Intranetverzeichnis).

fung der Kreditentscheidung vollzogen und eine Kreditakte erstellt. Daran schließt sich die Kreditinformationsauswertung des Kunden an, welche die Offenlegung der wirtschaftlichen Verhältnisse, eine Risikoeinschätzung, eine Bonitätsanalyse, ein Rating und die Sicherheitenbewertung umfasst. Nach erfolgter Kreditprüfung wird eine Beschlussvorlage erstellt, in der die wirtschaftliche Lage des Unternehmens dargelegt wird sowie Informationen zum Finanzierungsvorhaben gegeben werden. Hinzu kommt, dass gegebenenfalls von Seiten der Marktfolge Auflagen bezüglich der Einreichung bestimmter Unterlagen, vereinbart werden. Abschließend gibt der Mitarbeiter der Marktfolge ein Kreditvotum ab. Hier wird die Kreditentscheidung getroffen und die Beschlussfassung anschließend an den Vertriebsmitarbeiter. Dieser setzt sich daraufhin mit dem Kunden in Verbindung. Bei Kreditannahme durch den Kunden werden durch die Marktfolge die Kredit- und Sicherheitenverträge aufgesetzt, im Vier-Augen-Prinzip kontrolliert und die Sicherheiten ins System übertragen. Bei den aufgezählten Aktivitäten handelt es sich bei allen um potentielle Bereiche, die sich für eine Auslagerung eignen.

Es folgt der Schritt der Valutierung, in dem das Darlehen gebucht und an den Kunden ausgezahlt wird. Die nachfolgenden Schritte umfassen die Kreditbestandsbearbeitung und schließen zum Beispiel die Archivierung der Akte, Überwachung der Zahlungen, Prolongationen, die Sicherheitenverwaltung und regelmäßige Bonitätskontrollen mit ein. Diese können ebenfalls an einen externen Dienstleister übertragen werden. Die Risikofrüherkennung und Intensivbetreuung kommt immer dann zum Tragen, wenn ein Darlehen nicht ordnungsgemäß zurückgeführt wird oder Negativmerkmale bekannt werden. Hier werden Aufgaben des Inkasso, der Kündigung, der Vollstreckung oder des Portfoliomanagements eingegliedert. Auch hierbei handelt es sich um auslagerungsfähige Bereiche.

Zusammenfassend kann geschlussfolgert werden, dass die Bearbeitung der Kredite ein breites Spektrum an auslagerungsfähigen Aktivitäten bietet, wenn es sich dabei nicht um eine Vertriebsaktivität handelt. Demnach ist es für die Kreditinstitute möglich, die gesamte Abwicklung der Kreditgeschäfte an einen externen Dienstleister zu übertragen. Durch eine Auslagerung der Kreditbearbeitung kommt es zu einer Rück-Fokussierung auf den Kreditverkauf und es bleibt mehr Zeit für Vertriebsmaßnahmen. Das Institut kann sich auf die Kernkompetenzen konzentrieren und seine Kosten senken, wenn der Dienstleister entsprechend preiswert ist.

Nach der Bestimmung der Bereiche, die für eine Auslagerung in Frage kommen, geht es anschließend darum, den geeigneten Anbieter für die Auslagerung zu finden.

4.5 Dienstleisterauswahl und Angebotseinholung

Die Wahl des Partners spielt eine entscheidende Rolle für den Erfolg der Outsourcing-Maßnahme. Insbesondere für den Sparkassensektor ist die BankenService GmbH einer der führenden strategischen Partner im Back-Office-Bereich. Weitere Beispiele sind die dwpbank und die FIDUCIA IT AG.

[...]

Um zu zeigen, dass ein echtes Interesse an der Geschäftsbeziehung besteht, schließen das Kreditinstitut und Outsourcing-Unternehmen einen Letter of Intent (kurz: LoI). Dabei handelt es sich um eine Absichtserklärung, in der die bisher erzielten Vertragspunkte und der Verhandlungsstand niedergeschrieben werden, um sich später darauf berufen zu können. So kommt eine vorvertragliche Bindung zustande, um das Risiko vergebener Aufwendungen zu minimieren. Der LoI verpflichtet jedoch nicht zum Vertragsabschluss, sondern bildet ausschließlich die Grundlage für die Phase bis zur Vertragsunterzeichnung.[146]

4.6 Der Outsourcing-Vertrag

Nachdem sich das Institut für eine Zusammenarbeit mit einem externen Dienstleister entschieden hat, gilt es nun einen Vertrag zu schließen. In diesem Vertrag müssen alle wesentlichen Aspekte der Zusammenarbeit vereinbart werden. Nicht nur eine Beschreibung der Leistungsinhalte sondern auch die rechtlichen und juristischen Rahmenbedingungen sind Inhalt des Vertrages. Dabei sollte der Vertrag vor allem ein Regelwerk für die tägliche Zusammenarbeit darstellen.

Von besonderer Bedeutung bei den Vertragsverhandlungen ist die Erstellung eines Request for Porposal (RFP). Hier werden die Ziele und Anforderungen des Kreditinstitutes klar an den Dienstleister kommuniziert. Mithilfe dieses Plans kann gewährleistet werden, dass ein gemeinsames Verständnis zu den Tätigkeiten zwischen beiden Parteien besteht. Welche Vertragsinhalte im Outsourcing-Vertrag und welche Punkte im RFP enthalten sein sollten, kann der beiliegenden Checkliste II entnommen werden.

Wichtig ist außerdem, dass innerhalb des Outsourcing-Vertrages Service-Level vereinbart werden müssen. Service-Level sind „kennzahlenbasierte Vereinbarungen eines Dienstleistungsanbieters mit seinen Kunden bezüglich der zu gewährleistenden Servicequalität".[147] Sie erhöhen des Weiteren die Transparenz bei der Auslagerung. Service-Levels beinhalten eine

---
[146] Vgl. Weimer, Gero (2009), S.26.
[147] Vgl. Burr, Wolfgang (2006), S.26.

konkrete Beschreibung, wie die Leistungen zwischen dem Kreditinstitut und dem externen Dienstleister zu erfolgen haben. Hier lassen sich Kosten bzw. Preise, Servicegrad und Qualität regeln, aber auch Leistungsversäumnisse und ihre Folgen klar definieren. Dabei muss jedoch gewährleistet sein, dass es sich um präzise bestimmbare Leistungsparameter und um wiederkehrende Leistungen handelt, da Service-Levels nicht für einmalige Leistungserstellung geschlossen werden.

4.7 Implementierung der Entscheidung

Den Abschluss eines erfolgreichen Outsourcing-Prozesses macht die Implementierung. Nach der Unterzeichnung des Vertrages müssen nun die geplanten Maßnahmen und Ziele entsprechend dem ausgearbeiteten Zeitplan umgesetzt werden. Ziel sollte es sein, eine lange und erfolgsversprechende Outsourcing-Partnerschaft einzugehen. Um Risiken zu vermeiden, ist es daher ratsam, die Implementierungsphase separat zu planen, da verschiedenste Faktoren berücksichtigt und abgearbeitet werden. Es ist ratsam, ein Projektteam für die Implementierung zu erstellen, welches sich sowohl aus Mitgliedern des auslagernden Institutes sowie des externen Dienstleisters zusammensetzt. Dieses Team soll die Auslagerung begleiten, für einen reibungslosen Ablauf sorgen und zentraler Ansprechpartner für alle Fragen sein. Das Projektteam sollte dafür Sorge tragen, dass die Terminvereinbarungen und Meilensteine eingehalten werden, da sonst das Projekt ins Stocken geraten kann.

Es ist weiterhin wichtig, dass die Mitarbeiter von Beginn an einbezogen werden. Je früher sich die Mitarbeiter mit der Situation vertraut machen, desto eher kann begonnen werden, sie auf neue Aufgaben oder veränderte Prozesse vorzubereiten. Nur so kann eine schnelle Umsetzung des Outsourcing-Vorhabens gewährleistet werden. Bei einer zu späten Einarbeitung der Mitarbeiter besteht die Gefahr, dass Know-How verloren geht. Die Mitarbeiter müssen erkennen, dass Outsourcing für sie auch eine Karrierechance bedeuten kann. Als schwieriger erweist es sich, wenn die Belegschaft Nachteile in Kauf nehmen muss. Hier ist von Seiten des Arbeitgebers Fingerspitzengefühl gefragt. Durch eine offene und professionelle Kommunikation können die Nachteile abgefedert werden.

Wichtig bei der Einführung von Outsourcing-Entscheidungen ist, dass das Vorgehen strukturiert abläuft. Die Autorin dieser Arbeit hat daher zwei Checklisten entwickelt, die bei der Umsetzung als Leitfaden zusätzlich zu dieser Arbeit herangezogen werden können. Die Checkliste I- „erfolgreiche Outsourcing-Einführung" kann als Vorgehensmodell genutzt werden, um die notwendigen Schritte bei der Auslagerung einzuhalten. Die Checkliste II- „der Outsourcing-Vertrag" gibt eine Hilfestellung zu den relevanten Punkten, die einen Outsourcing-Vertrag unbedingt beinhalten sollte. Beide Checklisten liegen im Anhang dieser Arbeit bei.

5. Fazit

Die deutsche Bankenbranche ist gekennzeichnet durch einen starken Wettbewerbsdruck, der die Institute dazu zwingt, Kosten einzusparen. Dazu ist es notwendig, dass die Banken ihre Prozesse optimieren und sich vielmehr auf ihre Kernkompetenzen fokussieren. Dies geht einher mit einem konsequenten Outsourcing-Prozess, durch den die Institute verschiedene Geschäftsbereiche an externe spezialisierte Dienstleister, abgeben. Daher wird in Zukunft der Outsourcing-Trend sich noch verstärken. Auch in Zeiten des demografischen Wandels wird Outsourcing immer weiter in den Fokus der Institute rücken müssen, da sich neue Vertriebsstrukturen und ein verändertes Kundenverhalten etablieren werden.

Nachdem die Analyse der aktuellen Probleme durchaus Handlungsbedarf bei den Banken herausgestellt hat, konnte Outsourcing als Problemlösung herangezogen werden. Eine umfassende Analyse der Kosten und der Vor- und Nachteile hat ergeben, dass die Auslagerung von Prozessen entscheidend die Probleme reduzieren kann und daher von den Banken intensiver genutzt werden sollte.

Es wird jedoch auch deutlich, dass die Einfügung von Outsourcing in keinem Fall zu unterschätzen ist. Eine Auslagerung managed sich nicht von selbst, die Mitarbeiter müssen geführt und das Projekt muss stetig begleitet werden. Die Suche nach einem kompetenten externen Dienstleister ist nicht zu unterschätzen. Die Suche bindet eine Vielzahl an Ressourcen und selbst nachdem der erfolgversprechendste Kooperator ausgewählt worden ist, ist die Arbeit für das auslagernde Unternehmen nicht getan. Ein externer Dienstleister muss kontrolliert werden und dies verursacht Kosten, die oft außer Acht gelassen werden.

Die wichtigste Erkenntnis dabei ist, dass der wesentliche Erfolgsfaktor für Banken im Rahmen der strategischen Neuausrichtung meist nicht nur die Neuartigkeit von einzelnen strategischen Entscheidungen ist, sondern vor allem die Fähigkeit, diese exzellent umzusetzen. Um eine Outsourcing-Entscheidung bestens im Unternehmen einzuführen, können die beiliegenden Checklisten genutzt werden.

Abschließend wird beurteilt, dass Outsourcing durchaus eine sinnvolle Lösung für die Probleme des deutschen Bankensektors darstellt. Zukünftig wird verstärkt nach Outsourcing-Potentialen im Bankensektor gesucht werden, da doch es muss gut vorbereitet und von Anfang an intensiv begleitet werden. Dabei sollen die nachfolgenden Checklisten I und II einen entscheidenden Beitrag leisten.

Literaturverzeichnis

Ade, Benjamin/ Moormann, Jürgen (2004):	Dekonstruktion der Kreditwertschöpfungskette, in: Achenbach, Wieland/ Moormann, Jürgen/ Schober, Holge (Hrsg.), Sourcing in der Bankwirtschaft, 1.Auflage, Bankakademie-Verlag, Frankfurt am Main, 2004
Ashauer, Günter (2005):	Sparkassen und Banken im Wettbewerb- Strukturwandel im deutschen Kreditgewerbe, 1.Auflage, Deutscher Sparkassen Verlag, Stuttgart, 2005
Bacher, Matthias Richard (2000):	Outsourcing als strategische Marketing-Entscheidung, 1. Auflage, Gabler-Verlag, Wiesbaden, 2000
BaFin (2002):	Rundschreiben 34/2002: Mindestanforderungen an das Kreditgeschäft der Kreditinstitute, 20. Dezember 2002, Bonn, 2002
BaFin (2009):	Rundschreiben 15/2009- Mindestanforderungen an das Risikomanagement – MaRisk, vom 14.August 2009, Bonn/ Frankfurt am Main, 2009
BAKred (2001):	Rundschrieben 11/2001, Auslagerung von Bereichen auf ein anderes Unternehmen gemäß §25a Abs.2 KWG, vom 6. Dezember 2001, Bonn, 2001
Balze, Wolfgang/ Rebel, Wolfgang/ Schuck, Peter (2007):	Outsourcing und arbeitsrechtliche Restrukturierung von Unternehmen- Tipps und Taktik, 3.Auflage, C.F. Müller, Verlagsgruppe Hüthig Jehle Rehm, Heidelberg, 2007
Barney, Jay (1991):	Firm resources and sustained competitive advantage, in: Journal of Management, Vol.17, No.1, März 1991
Baum, Heinz-Georg/ Coenenberg, Adolf G./ Günther, Thomas (1999):	Strategisches Controlling, Band 12 von USW-Schriften für Führungskräfte, Universitätsseminar der Wirtschaft (Köln), 2.Auflage, Schäffer-Poeschel-Verlag, 1999
Beer, Martin (1997):	Outsourcing unternehmensinterner Dienstleistungen – Optimierung des Outsourcing-Entscheidungsprozesses, 1.Auflage, Deutscher Universitätsverlag, Wiesbaden, 1997

Bergmann, Rainer/ Garrecht Martin (2008):	Organisation und Projektmanagement, Physica-Verlag, Heidelberg, 2008
Bernet, Beat/ Mattig, Andreas (2009):	Transformation der Wertschöpfung, in: Alt, Rainer/ Bernet, Beat/ Zerndt, Thomas (Hrsg.), Transformation von Banken- Praxis des In- und Outsourcings auf dem Weg zur Bank 2015, Springer Verlag, Berlin, Heidelberg, 2009
Betsch, Oskar/ Thomas, Peter (2005):	Industrialisierung der Kreditwirtschaft: Informationstechnologie und Managementkonzepte, 1.Auflage, Gabler Verlag, Wiesbaden, 2005
Borger, Klaus / Rehbock, Tobias (2005):	KfW-Research: Das deutsche Kreditgewerbe im internationalen Vergleich, Nr. 17, Juli 2005
Börner, Christoph J. (2000):	Porter und er „Ressource-based View", in: WISU-Das Wirtschaftsstudium. 29. Jahrgang, Heft 5, 2000
Bruch, Heike (1998):	Konzepte und Strategien, Chancen und Risiken, Gabler Verlag, Wiesbaden, 1998
Bruhn, Manfred/ Stauss, Bernd (2007):	Wertschöpfungsprozesse bei Dienstleistungen: Forum Dienstleistungsmanagement. 1. Auflage, Gabler Verlag, Wiesbaden, 2007
Brunner, Fabian (2009):	Wertstiftende Strategien im Bankgeschäft, 1. Auflage, Physica-Verlag, Heidelberg, 2009
Buchta, Drik/ Eul, Markus/ Schulte-Coonenberg, Helmut (2009):	Strategisches IT-Management, 3.Auflage, Gabler Verlag, Wiesbaden, 2009
Burhop, Carsten (2004):	Die Kreditbanken in der Gründerzeit, Schriftenreihe des Instituts für bankhistorische Forschung- Band 21, Franz Steiner Verlag, 2004
Burr, Wolfgang (2006):	Service-Level-Agreements, in: Bernhard, Martin G., Mann, Hartmut, Lewandowski, Winfried, u.a.(Hrsg.), Praxishandbuch Service-Level-Management: Die It als Dienstleistung organisieren, 2.Auflage, Symposion Publishing GmbH, Düsseldorf, 2006
Chiramel, Sebastian (2011):	IT-Offshore-Outsourcing Projekte in Indien- Chancen ausnutzen und Risiken verringern, 1.Auflage, Diplomica Verlag, Hamburg, 2011

Denzer-Speck, David (2010):	KfW-Kreditmarktausblick September 2010, Kreditmarkt: Spürbare Erholung in Sicht, Frankfurt am Main, 2010
Deutsche Bundesbank (2010 a):	Monatsbericht September 2010, 62. Jahrgang, Nr.9, Frankfurt am Main, 2010
Deutsche Bundesbank (2010 b):	GuV-Statistik, Nr. 04: Aufwand/Ertrag-Relation nach Bankengruppen, Frankfurt am Main, September 2010
Dinauer, Josef (2001):	Allfinanz: Grundzüge des Finanzdienstleistungsmarkts, Olderbourg Wissenschaftsverlag, Oldenbourg, 2001
Disselbeck, Kai (2007):	Die Industrialisierung von Banken am Beispiel des Outsourcing, Fritz Knapp Verlag GmbH, Frankfurt am Main, 2007
Dittrich, Jörg/ Braun, Marc (2004):	Business Process Outsourcing- Entscheidungsleitfaden für das Out- und Insourcing von Geschäftsprozessen, Schäffer-Poeschel Verlag, Stuttgart, 2004
Döpfer, Benedict C. (2008):	Outsourcing von Geschäftsprozessen- Effizienz versus Innovation?, 1.Auflage, IGEL Verlag, 2008
European Central Bank (2010):	Structural Indicators for the EU Banking Sector, January 2010, Frankfurt am Main, 2010
Falkenberg, Felix/ Müller, Reto/ Bönsch, Johannes (2006):	Wertschöpfungsmodelle der Zukunft – Banken und Provider 2010, Studie, Universität St. Gallen, 2006
Finkeissen, Alexander (2000):	Prozess-Wertschöpfung, Books on Demand, Norderstedt, 2000
Franke, Jochen/ Schwarze, Felix (2005):	Kreditprozess der Zukunft, efinance lab, Frankfurt am Main, 2005
Füser, Karsten (2007):	Weiterentwicklung des Outsourcingmarktes im Kreditbereich, in: Karsten Füser, Eckhard M. Theewen und Harald Tölle (Hrsg.), Industrialisierung der Kreditprozesse – Wege zur externen Kreditfabriken, 1. Auflage, Banken-Verlag Medien GmbH, Heidelberg, 2007
Gabath, Christoph Walter (2008):	Gewinngigant Einkauf- Nachhaltige Kostensenkung ohne Personalabbau, 1.Auflage, Gabler Verlag, Wiesbaden, 2008

Gebhardt, Andreas (2006):	Entscheidung zum Outsourcing von Logistikleistungen: Rationalitätsanforderungen und Realität in mittelständischen Unternehmen, Band 7 von Gabler Edition Wissenschaft / Schriften des Kühne-Zentrums für Logistikmanagement, 1.Aufflage, Deutscher Universitätsverlag, Wiesbaden, 2006
Heckl, Diana (2007):	Steuerung von Kreditprozessen: Status quo und Perspektiven, ProcessLab, Bankakademie-Verlag, Frankfurt School of Finance & Management, Frankfurt am Main, 2007
Heinrich, Lutz J./ Lehner, Franz (2005):	Informationsmanagement: Planung, Überwachung und Steuerung der Informationsinfrastruktur, 8.Auflage, Oldenbourg Wissenschaftsverlag, München, 2005
Helmus, Manfred/ Meins-Becker, Anica/ Laußat, Lars u.a. (Hrsg.) (2009):	RFID in der Baulogistik: Forschungsbericht zum Projekt "Integriertes Wertschöpfungsmodell mit RFID in der Bau- und Immobilienwirtschaft", 1.Auflage, Vieweg + Teubner, GWV Fachverlag, Wiesbaden, 2009
Hermes, Heinz-Josef/ Schwarz, Gerd (2005):	Outsourcing – Chancen und Risiken, Erfolgsfaktoren und rechtssichere Umsetzung, Rudof Haufe Verlag GmbH & Co.KG, München, 2005
Hinterhuber, Hans H./ Stuhec, Ulrich (1997):	Kernkompetenzen und strategisches In-/Outsourcing, in: ZfB- Zeitschrift für Betriebswirtschaft, ZfB- Ergänzungsheft 1/1997
Houssem, Jemili (2011):	Business Process Offshoring- Ein Vorgehensmodell zum globalen Outsourcing IT-basierter Geschäftsprozesse, Dissertarton Technische Universität Dresden 2010, 1. Auflage, Gabler Verlag, Wiesbaden, 2011
Hutzschenreuter, Thomas (2009):	Allgemeine Betriebswirtschaftslehre: Grundlagen mit zahlreichen Praxisbeispielen, 3.Auflage, Gabler Verlag, Wiesbaden, 2009
Jensen, Ove (2004):	Key-Account-Management: Gestaltung-Determinanten-Erfolgsauswirkungen, 2. Auflage, Gabler Verlag, Wiesbaden, 2004
Jung, Hans (2008):	Personalwirtschaft, 8. Auflage, Oldenbourg Wissenschaftsverlag GmbH, München, 2008

Koch, Jens (2008):	Die Wertschöpfungstiefe im deutschen Bankensektor: eine theoretische und empirische Analyse der Einflussfaktoren und der Auswirkungen auf die finanzielle Erfolgssituation, Band 55 von Schriftenreihe des ZEB, Westfalen Zentrum für Ertragsorientiertes Bankmanagement Münster, Knapp Verlag, 2008
Knolmayer, Gerhard (1993):	Der Fremdbezug von Information-Center-Leistungen, Arbeitsbericht 40, Institut für Wirtschaftsinformatik der Universität Bern, September 1993
Kraus, Roland (2005):	Strategisches Wertschöpfungsdesign- Ein konzeptioneller Ansatz zur innovativen Gestaltung der Wertschöpfung, 1. Auflage, Deutscher Universitäts-Verlag, Wiesbaden, 2005
Krause, Eric (2008):	Methoden für das Outsourcing in der Informationstechnologie von Retail Banken, Dissertation der Universität St.Gallen, Lagos Verlag, Berlin, 2008
Kroneck, Stefan (2006):	Bayerns Kreditgenossen prangern Überregulierung an, in: Börsen-Zeitung, 10.März 2006, Nr.49
Krüger, Wilfried/ Homp, Christian (1998):	Kernkompetenzen, in: WiSt – Wirtschaftswissenschaftliches Studium, 27. Jahrgang, Heft 10, 1998
Lamers, Stephan M. (1997):	Reorganisation der betrieblichen Personalarbeit durch Outsourcing, Dissertation, Münster, 1997.
Lux, Wolfgang/ Schön, Peter (1997):	Outsourcing der Datenverarbeitung- Von der Idee zur Umsetzung, Springer-Verlag, Berlin, Heidelberg, 1997
Matiaske, Wenzel/ Mellewigt, Thomas (2002)	Motive, Erfolge und Risiken des Outsourcings- Befunde und Defizite der empirischen Outsourcing-Forschung, in: ZfB- Zeitschrift für Betriebswirtschaft, 72. Jg., Heft 6/2002
Müller-Dauppert, Bernd (2005):	Logistik-Outsourcing: Ausschreibung, Vergabe, Controlling, 1. Auflage, Verlag Heinrich Vogel, München, 2005
Nagengast, Johann (1997):	Outsourcing von Dienstleistungen industrieller Unternehmen – Eine theoretisch und empirische Analyse, Schriftenreihe Betriebswirtschaftliche Forschungsergebnisse, Band 67, Verlag Kovac, Hamburg, 1997

Picot, Arnold (1991): Ein neuer Ansatz zur Gestaltung der Leistungstiefe, in: zfbf- Schmalenbachs Zeitschrift für betriebliche Forschung, 43. Jahrgang, Heft 4, 1991

Piller, Frank (Hrsg.) (2010): Einführung in die Betriebswirtschaftslehre: Vorlesung an der RWTH Aachen. Wintersemester 2009/2010, 1.Auflage, Gabler Verlag, Wiesbaden, 2010

Porter, Michael E. (1985): Wettbewerbsstrategie: Methoden zur Analyse von Branchen u. Konkurrenten, 3. Auflage, Campus-Verlag, London, New York, 1985

Porter, Michael E. (2000): Wettbewerbsvorteile (Competitive Strategy): Spitzenleistungen erreichen und behaupten, 6.Auflage, Campus Verlag, Frankfurt am Main, 2000

Prahalad, Coimbatore K./ Hamel, Gary (1990): The core competence of the corporation, in: Harvard Business Review, Vol. 68, No. 3, Mai/Juni, 1990

Prößer, Jens/ Schader, Stephan M. (2009): Geschäftspolitische Dimensionen des Outsourcings, in: Becker, Axel, Bearbeitungs- und Prüfungsleitfaden Outsourcing von Geschäftsbereichen: Prozesse Prüfen - Risiken vermeiden - Fehler aufdecken - Handlungsempfehlungen ableiten, Verlag Finanz Colloquium Heidelberg, Heidelberg, 2009

Schäfer-Kunz, Jan/ Tewald, Claudia (1998): Make-or-buy-Entscheidungen in der Logistik, 1.Auflage, Deutscher Universitätsverlag, Wiesbaden, 1998.

Schätzer, Silke (1999): Unternehmerische Outsourcing-Entscheidung- Eine transaktionskostentheoretische Analyse, 1.Auflage, Gabler Verlag, Deutscher Universitätsverlag, Wiesbaden, 1999

Scherm, Ewald (1996): Outsourcing- Ein komplexes, mehrstufiges Entscheidungsproblem, in: Zeitschrift für Planung, 7Jahrgang, Heft 7, 1996

Schroeder, Fabian (2005): Erfolg von Outsourcing- Die Informations-Verarbeitungs-Struktur als wesentlicher Erfolgsfaktor, Schriftenreihe Betriebswirtschaftliche Forschung und Praxis, Band 173, Verlag Dr. Kovac, Hamburg, 2005

Speek, Jochen (2007):	Umsetzung des Outsourcing durch Anschluss an einen zentralen Mehrmandantendienstleister einer Institutsgruppe, in: Karsten Füser, Eckhard M.Theewen und Harald Tölle (Hrsg.), Industrialisierung der Kreditprozesse – Wege zur externen Kreditfabriken, 1. Auflage, Banken-Verlag Medien GmbH, Heidelberg, 2007
Statistisches Bundesamt Deutschland (2010):	Länderprofil: G20, Industrie- und Schwellenländer- Vereintes Königreich, Ausgabe 2010
Stiele, Maik (2008):	Wettbewerb im Bankensektor: Eine Untersuchung unter besonderer Berücksichtigung des Wettbewerbsverhalten der Sparkassen, 1. Auflage, Gabler Verlag, Wiesbaden, 2008
Steinbach, Michael/ Syrbe, Benjamin (2008):	SEPA- Herausforderung und Chancen der Konsolidierung des europäischen Zahlungsverkehrs, in: Berthold Kaib, Outsourcing in Banken: mit zahlreichen aktuellen Beispielen, 2. Auflage, Gabler Verlag, Wiesbaden, 2008
Sydow, Jörg (1992):	Strategische Netzwerke und Transaktionskosten. Über die Grenzen einer transaktionskostentheoretische Erklärung der Evolution strategischer Netzwerke, in:Staehle, Wolfgang H./ Conrad, Peter (Hrsg.), Managementforschung 2, Berlin, New York, 1992
Theurl, Theresia (2003):	Outsourcing- Geschäftmodell der Zukunft, Modeerscheinung oder bewährte Praxis mit Tradition, in: Theurl, Theresia/ Krawinkel, Moritz (Hrsg.), Outsourcing und Finanzverbund – Strategien für eine effiziente Arbeitsteilung, Beiträge des Oberseminars zum Genossenschaftswesen im Wintersemester 2002/2003, Aachen, 2003
Totzek, Alfred (2007):	Projekt „Outsourcing Kreditbearbeitung", in: Karsten Füser, Eckhard M.Theewen und Harald Tölle (Hrsg.), Industrialisierung der Kreditprozesse – Wege zur externen Kreditfabriken, 1. Auflage, Banken-Verlag Medien GmbH, Heidelberg, 2007
Voigt, Kai-Ingo (2008):	Industrielles Management: Industriebetriebslehre aus prozessorientierter Sicht, 1.Auflage, Springer Verlag, Berlin, Heidelberg, 2008
Weidner, Stephan (2000):	Analyse- und Gestaltungsrahmen für Outsourcing-Entscheidungen im Bereich der Informationsverarbeitung, Schriftenreihe zur Wirtschaftsinformatik, Band 12, Peter Lang Verlag, Frankfurt am Main, 2000

Weimer, Gero(2009):	Service Reporting im Outsourcing-Controlling: eine empirische Analyse zur Steuerung des Outsourcing-Dienstleisters, 1.Auflage, Gabler Verlag, Wiesbaden, 2009
Wüllenweber, Kim/ Gewald, Heiko/ Franke, Jochen u.a. (2006):	Business Process Outsourcing- Eine Nutzen- und Risikoanalyse in der deutschen Bankenbranche, e-Finance Lab, Books on Demand GmbH, Norderstedt, 2006
Wüllenweber, Kim/ Janisch, André/ Monsport, Andreas u.a. (2007):	Governance im Business Process Outsourcing- Eine Analyse der Steuerung von Outsourcing-Projekten bei Deutschlands 500 größten Kreditinstituten, e-Finance Lab, Books on Demand GmbH, Norderstedt, 2007

Internet-/ Intranetverzeichnis

Forthmann, Jörg (2004):	Kostendruck bei Kreditinstituten: Bankfiliale wird zum Franchisebetrieb, in: Innovationsreport, 09.06.2004, abgerufen am 18.Mai 2011, http://www.innovations-report.de/html/berichte/studien/bericht-30099.html
Kaiser, Arvid (2009):	Die Banken links liegen lassen, im: ManagerMagazin, 22.09.2009, abgerufen am 19.Mai 2011, http://www.managermagazin.de/unternehmen/mittelstand/0,2828,650559,00.html
Köckritz, Holger G.(2010):	Outsourcing in der Finanzwirtschaft: Gibt es eine optimale Wertschöpfungstiefe?, In: Die Bank-Zeitschrift für Bankpolitik und Praxis, Ausgabe 1/2010, abgerufen am 1.Juli 2011, http://www.die-bank.de/betriebswirtschaft/gibt-es-eine-optimale-wertschoepfungstiefe
Köhler, Peter (2010):	Studie zum Bankenwettbewerb-Privatkunden sind heiß begehrt, im: Handelsblatt, 08.04.2010, abgerufen am 18.Mai 2011, http://www.handelsblatt.com/unternehmen/banken/privatkunden-sind-heiss-begehrt/3407494.html
Moormann, Jürgen (2009):	Die Transformation der Banken-Auf der Suche nach neuen Wertschöpfungsstrukturen, in: Die Bank-Zeitschrift für Bankpolitik und Praxis, 2009, abgerufen am 23.Mai 2011, http://www.die-bank.de/banking/auf-der-suche-nach-neuen-wertschoepfungsstrukturen
o.V. (2010):	Kostendruck zwingt zu weiteren Bankenfusionen, in: Wallstreet-online, 17.03.2010, abgerufen am 18.Mai 2011, http://www.wallstreet-online.de/nachricht/2912604-commerzbank-vorstand-kostendruck-zwingt-zu-weiteren-bankenfusionen
Seibel, Karsten (2008):	Krisengewinner - Anleger bringen ihr Geld zu den Sparkassen, in: Welt online,08.10.2008, abgerufen am 25.Mai 2011 http://www.welt.de/wirtschaft/article2545832/Anleger-bringen-ihr-Geld-zu-den-Sparkassen.html

Steria Mummert Consulting (2008):	Sparen: Konzerne wollen Kosten durch Outsourcing um ein Fünftel senken, 16. Dezember 2008, abgerufen am 4.Juli 2011, http://www.steria-mummert.de/presse/pressearchiv/4.-quartal-2008/sparen-konzerne-wollen-kosten-durch-outsourcing-um-ein-fuenftel-senken
Sydow, Sonja (2007):	Kooperation mit Rossmann- Deutsche Bank geht zwischen die Windeln, in: Sueddeutsche.de, 26.04.2007, abgerufen am 27. Mai 2011, http://www.sueddeutsche.de/geld/kooperation-mit-rossmann-deutsche-bank-geht-zwischen-die-windeln-1.768554

Anhang

Formblatt Nutzwert-Risiko-Analyse

Entscheidungskriterien	Gewichtung		Entscheidungsalternativen			
			Outsourcing		Eigenleistung	
	Gruppe	Kriterium	Erfüllungs-grad	gewichteter Nutzwert	Erfüllungs-grad	gewichteter Nutzwert
WIRTSCHAFTLICHKEIT						
I. Unternehmenserfolg						
a) Was ist kostengünstiger?						
b) Ist das Angebot transparent?						
c) Ist im Leistungsumfang alles enthalten?						
d) Ist die Kostenstruktur flexibel?						
e) Gibt es indirekte Kosten?						
f) Zunahme des Kundennutzen?						
g) Überwachungskosten?						
h) sind Transaktionskosten zu erwarten?						
i) Anlaufkostenkosten?						
j) Kapitalbindung?						
k) gibt es laufende Kosten?						
l) Investitionen notwendig?						
m) Personalkosten?						
n) Können Skaleneffekte genutzt werden?						
o) Steigerung der Rentabilität?						
Summe						
QUANTITATIVE KRITERIEN						
I. Strategie des Unternehmens						
a) Abhängigkeit zum Dienstleister						
b) Konzentration auf Kernkompetenzen						
c) Möglichkeit der Rückumwandlung						
d) Flexible Leistungsinanspruchnahme?						
e) Liefertreue gewährleistet?						
f) Verbesserung der Qualität?						
g) Kompetenzsteigerung?						
h) Möglichkeiten der Diversifikation?						
i) Beibehaltung der Unternehmenskultur?						
j) schnelle Umsetzungsgeschwindigkeit?						
k) existieren Schnittstellen im Prozess?						
l) Zunahme des Kundennutzen?						
Summe						
II. rechtliche und vertragliche Auswirkungen						
a) lange Vertragslaufzeiten?						
b) Ist der Datenschutz gewährleistet?						
c) §25a Abs.2 KWG erfüllt?						
d) Sind Kontrollmöglichkeiten gegeben?						
Summe						
III. Innovationspotential						
a) Technischer Fortschritt möglich?						
b) Innovationsgrad verbessert?						

c) Besteht Differenzierungspotential?						
d) Aktuelle Technologien genutzt?						
e) Harmonisierung alter und neuer Systeme?						
Summe						
IV. Marktposition						
a) positives Image erzielbar?						
b) globale Ausrichtung?						
c) gute Verhandlungsposition?						
Summe						
V. Personal						
a) Bedarf an speziellem Personal?						
b) Hohe Personalkosten?						
c) Flexibilität des Personals?						
d) Personaltransfer notwendig?						
e) Personalabbau?						
Summe						
RISIKEN						
a) Abhängigkeit?						
b) lange Kündigungsfristen?						
c) Rückabwicklung möglich?						
d) Datensicherheit gewährleistet?						
e) Kostensteigerung?						
f) Kontrollverlust?						
f) Schlechtleistung des DL's?						
g) Anlaufschwierigkeiten?						
h) schlechte Mitarbeitermotivation?						
i) hoher Kontrollaufwand?						
j) Mangel bei Kommunikation?						
k) IT-Probleme?						
Summe						
Gesamtnutzwert						

Checkliste I-
erfolgreiche Outsourcing-Einführung

a) Frage:	Antwort:	
	Ja	Nein
b) 1. Projektteam bilden:		
c) Sind alle Mitglieder aus dem Management und Abteilungen?		
d) Projektverantwortlicher / Ansprechpartner festgelegt?		
e) Haben alle Beteiligten nötiges Fachwissen und Kompetenz?		
f) Sind alle Aufgaben entsprechend verteilt?		
Alle Fragen wurden mit „ja" beantwortet, dann 2. sonst Abbruch		
2. Ist-Analyse:		
a) Wurde Analyse des allgemeinen Bankenumfeldes durchgeführt?		
b) Wurde Konkurrenz-Wettbewerbs-Analyse durchgeführt?		
c) Wurden alle Prozesse analysiert?		
d) Konnte Hinweis auf Handlungsbedarf herausgestellt werden?		
Alle Fragen wurden mit „ja" beantwortet, dann 3. ,sonst Abbruch		
3. Machbarkeitsprüfung:		
- §25a Abs.2 KWG prüfen		
a) Handelt es sich um wesentlichen Bereich?		
- Unmittelbar für Durchführung der Bankgeschäfte notwendig?		
- gleichzeitig bankenaufsichtlich relevante Risiken begründet?		
b) Keine Beeinträchtigung …		
- … der Ordnungsmäßigkeit der Geschäfte		
- … Steuerungs- und Kontrollmöglichkeiten?		
- … der Prüfrechte der BaFin?		
c) Es handelt sich nicht um eine Leitungsaufgabe?		
d) Die Auslagerung ist auf Dauer oder für längere Zeit?		
e) Eine Begrenzung und Überwachung der Risiken ist möglich?		
f) Die Trennung Markt und Marktfolge wird eingehalten?		
Alle Fragen wurden mit „ja" beantwortet, dann 4., sonst Abbruch		

	ja	nein
4. Entscheidung		
a) Anforderungsprofil formuliert?		
b) Dienstleister herausgesucht?		
c) Kostenvoranschläge eingeholt?		
d) Kostenvergleichsrechnung durchführen		
- Fristigkeit bestimmt?		
- Beschäftigungssituation ermittelt?		
- Relative Kosten Anhand Abbildung ermittelt?		
- Abgleich mit Fremdbezugskosten?		
e) Transaktionskosten einbezogen?		
- Anbahnungskosten?		
- Vereinbarungskosten?		
- Abwicklungskosten?		
- Kontrollkosten?		
- Anpassungskosten?		
- Nicht nur ex-ante Kosten, sondern auch ex-poste Kosten?		
f) Nutzwert-Risiko-Analyse durchführen?		
- Wurden Alternativen entwickelt?		
- Wurden Risiken abgewogen?		
- Erfolgte Gegenüberstellung Vor- und Nachteile mittels Argumentenbilanz?		
- Wurden die Beurteilungskriterien gewichtet?		
- Wurde der Punktwert ermittelt?		
- Wurde der Nutzwert errechnet? (siehe beiliegender Bogen)		
- Wurde das Ergebnis in 9-Felder-Martix übertragen?		
- Haben mehr als 1 Person das Verfahren durchgeführt?		
Kann geschlussfolgert werden, dass nach der Durchführung aller Verfahren, die Fremdleistung günstiger ist, als die Eigenerstellung?		

	ja	nein
5. Analyse der Ressourcen und Kernkompetenzen		
a) Identifikation der Ressourcen		
- Wertvoll?		
- Knappheit?		
- Nicht substituierbar?		
- Nicht imitierbar?		
b) Daraus Kernkompetenzen ermitteln		
- In vielen Märkten einsetzbar?		
- Signifikanten Beitrag zum Kundennutzen?		
- Nicht imitierbar?		
c) Können Ansatzpunkte im Kreditprozesse ermittelt werden?		
- Kann die Leistung leicht bezogen werden?		
- Ist der Prozess unwirtschaftlich?		
- Besteht keine besondere Flexibilität zur Leistungserstellung?		
- Muss keine besondere Qualität beachtet werden?		
- Bestehen kaum Schnittstellen zu anderen Bereichen?		
- Es werden keine Kernkompetenzen abgegeben?		
Alle Fragen wurden mit „ja" beantwortet, dann 6., sonst Abbruch		
6. Dienstleisterauswahl		
a) Kriterien:		
- Erfahrungen mit ähnlichen Projekten?		
- Nachvollziehbarkeit der Kostenkalkulation?		
- Realistischer Projektzeitplan?		
- Flexibilität/ Anpassungsfähigkeit?		
- Sozialkompetenz?		
- Innovativ?		
b) Letter of Intent geschlossen?		
Alle Fragen wurden mit „ja" beantwortet, dann 7., sonst Abbruch		
7. Vertrag		
a) Wurde ein Vertrag gem. den Punkten der „Checkliste II – Vertrag" geschlossen?		
b) Wurden alle relevanten Punkte im Request for Proposal gem. „Checkliste II- Vertrag" beachtet?		
c) Wurden Service-Levels vereinbart?		
Alle Fragen wurden mit „ja" beantwortet, dann 8., sonst Abbruch		

Checkliste II-
der Outsourcing-Vertrag

VERTRAGSABSCHLUSS	Bestandteil	
	ja	nein
I. Vertragsgegenstand		
a) Definition der Hauptaufgabe		
b) Ausgangslage und Ziele		
c) Aufgaben und Daten		
d) Leistungserbringer		
e) Laufzeit/ Kündigungsmöglichkeit		
II. Pflichten der Auftragnehmers		
a) Zeit- und Projektplan für die Umsetzungsphase (incl. Kosten)		
b) Ansprechpartner und Instanzen		
c) Haftung, Gewährleistung		
d) Koordination		
e) Einflussnahme des Auftraggebers		
f) Pflicht zur Fortbildung der Mitarbeiter		
III. Pflichten des Auftraggebers		
a) Koordination		
b) Informationsbereitstellung		
c) Sanktionen bei Terminüberschreitungen		
d) Revisionen zulassen		
IV. Qualitätssicherung		
a) Lieferzuverlässigkeit		
b) Verantwortlichkeit		
c) Leistungskontrolle		
d) Beurteilungskriterien für die Leistungserbringung (S-Levels)		
e) Vorgehen bei Änderungen oder Abweichungen zu Standard		
V. Vergütungsvereinbarung		
a) Messkriterien zur Höhe der Vergütung		
b) Zahlungsbedingungen		
c) Vertragsstrafen		
d) Art der Leistungsverrechnung		
VI. Nutzungsrechte und Datenschutz		
a) Überleitung von Arbeitsverhältnissen		
b) Wettbewerbsklauseln		
c) Sicherheit		
d) Geheimhaltung		
e) Umfang und Wege der gegenseitigen Informationen		

	Bestandteil	
	ja	nein
REQUEST OF PROPOSAL (RFP)		
a) Informationen über das Unternehmen und die Geschäftsstrategie?		
b) Zielsetzung / Business Case		
c) Zeitrahmen und Meilensteine?		
d) Produkte und Dienstleitungen?		
e) Rahmenbedingungen?		
f) Mengen/ Häufigkeit/ Grenzwerte?		
g) Gesetze/ Richtlinien/ Weisungen?		
h) Zuständigkeiten?		
i) Übernahme der Hardware?		
j) Informationen zu Budget, Kosten und Mitarbeitern?		
k) Sicherheit?		
l) Intensität der Ressourcennutzung?		
m) Erwartungen der Anwender?		
n) Fehlertoleranzen?		
o) Externe Schnittstellen?		
SERVICE-LEVELS		
a) rechtzeitig eingebunden?		
b) Audit durch neutralen Dritten?		
c) Zusammenarbeit zwischen den Parteien?		
d) entsprechen Leistungen meinen Anforderungen?		
e) Qualitätsplan zur Dokumentierung vorhanden?		
f) nur quantifizierbare, qualifizierbare und messbare Punkte einbezogen?		
g) einfache und unmissverständliche Formulierungen?		

Autorenprofil

Julia Schulz, geboren 1988, absolvierte nach dem Abitur ein duales Studium an der Hochschule für Wirtschaft und Recht Berlin, Fachrichtung Bank. Als Ausbildungsunternehmen stand ihr die Landesbank Berlin/ Berliner Sparkasse zur Seite. Im September 2011 beendete die Autorin mit Erfolg das Betriebswirtschaftsstudium.

Bereits während des Studiums sammelte die Verfasserin dieser Arbeit Erfahrungen in der Kreditbearbeitung in einem Dienstleistungsunternehmen für Sparkassen. Aufgrund der stetig wachsenden Bedeutung der Auslagerung von Prozessen hin zu externen Dienstleistern, wurde ihr Wunsch gestärkt, ein Vorgehensmodell zur Einführung von Outsourcing bei Sparkassen zu entwickeln.